# ＰＰバンド

# かご & バッグ

松田裕美

# はじめに

PPバンドレシピブック第2弾が発行の運びとなりました。

PPバンドで作る作品は、配色を変えるだけで和風・洋風、カジュアル・フォーマルと、ガラリとイメージが変わります。また、素材がとても軽く水にも強いので、日常使いやアウトドアでも水濡れや汚れを気にせず、大活躍します。

前書では基本的な編み方の作品を中心にご紹介しました。本書は、六つ目編みや、八角編み、フリルの作り方など、新しい編み方をバリエーション豊富に掲載しましたので、2冊目も飽きることなくお楽しみいただけると思います。

ご紹介しているかごやバッグは持つ人の年代を問わないものばかりです。ぜひ大切な方へのプレゼントとしても作ってみてください。たいへん喜ばれること、違いありません。

一般社団法人クラフトバンドエコロジー協会
代表理事 松田裕美

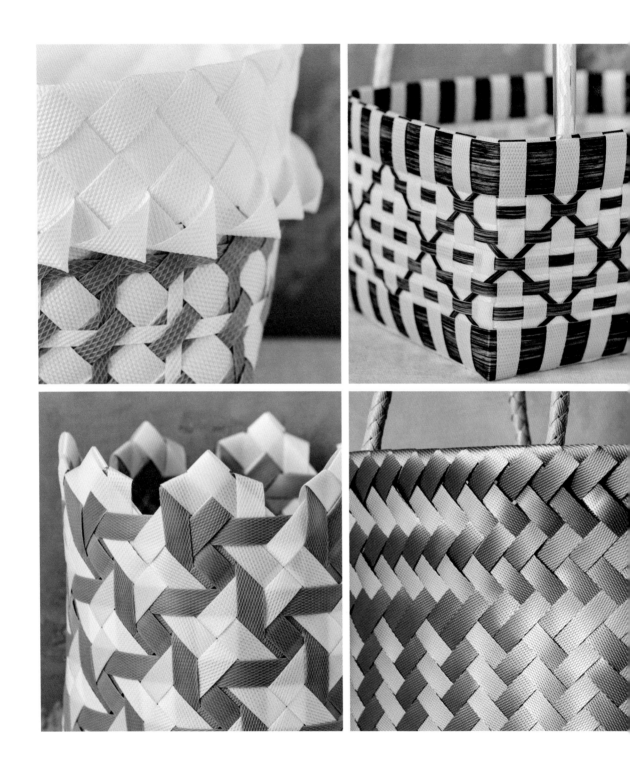

# Contents

# PPバンドの種類と準備する道具

## 使用するPPバンドについて

本書ではM's FactoryのPPバンドを使用しています（P110〜参照）。色々な種類があり、質感などに違いがありますが、どのPPバンドでも同じように作品を作ることができます。

### PPバンドの種類

**基本のPPバンド（単色／ストライプ）**

プラスチック（ポリプロピレン）製の手芸用PPバンド。紐は軽く、荷造りや梱包用に使用されるほど丈夫。鮮やかな発色の単色カラーの他、ライン入りのストライプカラー、金属風の光沢があるメタリックカラー、しなやかな質感のGタイプなどがある。

幅：約1.4〜1.5cm

**シルクリボンシリーズ**

シルクのような光沢が美しいPPバンド。紐はしなやかで、基本のPPバンドよりも薄く軽い質感。作品全体にも軽さが出るため、収納かごよりもバッグ制作に向いている。

幅：約1.5cm

**大理石PP**

大理石柄のPPバンド。紐は薄くしなやかだが、硬い質感。少量使うだけで作品に高級感が出る。他のPPバンドと組み合わせての使用や、模様部分として差し込み使用がおすすめ。

幅：約1.5cm

**ウッドスタイル**

木目調のPPバンド。紐は厚みがあり、しっかりとした質感。北欧風や高級感のある仕上がりになる。〈M〉と〈W〉の2種類の幅がある。

※レシピでは「ウッドスタイル」を省略しています。

幅：〈M〉約1.4cm〈W〉約3cm

## 準備する道具

必ず使う道具と、用意しておくと便利な道具です（＊マークはM's Factory取り扱いアイテム）。その他の道具は、各レシピページの記載に沿って準備してください。

### 必要な道具

 大  小

**クラフト軽量ハサミ＊**

紐をカットする時に使用。普通のハサミより楽にカットでき、切れ味がよい。

**メジャー＊、定規**

長さを測る時に使用。定規は紐を立ち上げる時などにも使用。

**洗濯バサミ、仮止めクリップ＊**

編んでいる最中に紐を押さえるのに使用。※レシピではどちらもクリップと表記しています。

**マスキングテープ＊**

紐を仮留めする時などに使用。※ウッドスタイルで作る場合は、養生テープの使用がおすすめです。

### あると便利な道具

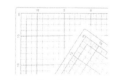

**方眼ボード＊**

底を編む時に、紐を直角に揃えることができる。

**文鎮＊**

底を編む時に、紐を押さえるのに役立つ。

**PPハンディカッター＊**

PPバンドを1/2・1/3・1/4幅にカットできる。

**透明ビニールチューブ＊**

バッグ制作で持ち手に使用する。

**ポリプロピレン用接着剤（プラスチック用）＊**

PPバンドを接着できる。

# 基本のテクニックときれいに仕上げるコツ

1/2幅や1/4幅などの表記がある紐は、ハサミなどで必要な幅にまっすぐ切り分けてから使用する。【エムズオリジナル】PPハンディカッターを使用すると簡単・安全にカットできる。

紐の巻きぐせが強い場合は、逆巻きにしてクリップで留め、しばらく置いてくせをとる。または、紐を平らに伸ばして数日間重しをしておく。

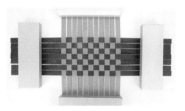

底を編む時は、紐がずれたり反り返らないように文鎮などで重しをすると作業がしやすい。

底を編んだら、四方をマスキングテープで留めてずれないようにする。編んでいる途中でも、隙間が広がってしまう場合は所々マスキングテープで留めるとよい。

編み紐で編む時は、数段編むごとに隙間を詰め、紐がずれたり浮き上がらないように所々クリップで留めて押さえながら編む。

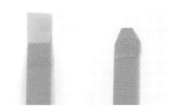

紐を編み目に通す時は、先端をV字や斜めにカットすると編み目に引っかからずに通しやすくなる。

紐を編み目に通す時に割けるのを防止したい場合は、先端を包むようにマスキングテープを貼って補強し、角をカットする。

紐が何重にもなっていて通しづらい箇所は、PPバンドの端材などを逆側から差し込んで隙間を広げると通しやすくなる。

紐を編み目に差し込んだ後に余分をカットする場合は、紐を引きながらカットすると反動で紐が少し戻り、切り口が編み目に隠れる。

縁をしっかりさせたい場合は、内側の縁紐を二重に入れる。シルクリボンシリーズ（P12参照）は紐が柔らかいので、レシピの寸法を調整し、二重にするのがおすすめ。

▶▶▶ まずはP14「トランプ柄バッグ」で基本の作り方をチェック!

※レシピ内に記載のサイズや完成サイズは目安です。使用する材料の種類や色、手加減により誤差が生じます。

※PPバンド以外の材料は、お近くの手芸店やホームセンターなどでお買い求めください。M's Factoryで販売中の持ち手はレシピの材料の欄に記載しています。

## チャーミングなデザインでおでかけが楽しく
# トランプ柄バッグ

---

◆上・P5
グレー
シルクリボンシリーズ〈2〉
シルクリボンシリーズ〈3〉
白
着脱ホック式持ち手-ベージュ

◆レシピ
ミルクココア
青紫
紫
白
着脱ホック式持ち手-焦茶

◆表紙
黒
シルクリボンシリーズ〈18〉
シルクリボンシリーズ〈20〉
白
着脱ホック式持ち手-ブラック

## 材料と寸法

| | | |
|---|---|---|
| 横紐 | 80cm×7本 | ミルクココア |
| 縦紐① | 65cm×5本 | ミルクココア |
| 縦紐② | 65cm×6本 | 青紫 |
| 縦紐③ | 65cm×6本 | 紫 |
| 編み紐① | 80cm×11本 | 白 |
| 編み紐② | 80cm×2本 | ミルクココア |
| 縁紐 | 80cm×2本 | ミルクココア |
| 重ね紐 | 80cm×5本（1/2幅） | 白 |
| 飾り紐①A | 14cm×16本（1/4幅） | ミルクココア |
| 飾り紐①B | 7cm×16本（1/4幅） | ミルクココア |
| 飾り紐②A | 14cm×8本（1/4幅） | 青紫 |
| 飾り紐②B | 7cm×8本（1/4幅） | 青紫 |
| 飾り紐③A | 14cm×8本（1/4幅） | 紫 |
| 飾り紐③B | 7cm×8本（1/4幅） | 紫 |
| 持ち手付け紐① | 40cm×2本 | 青紫 |
| 持ち手付け紐② | 40cm×2本 | 紫 |

★着脱ホック式持ち手 - 焦茶〈M's Factory販売商品〉 1セット

## 必要な長さ

| | |
|---|---|
| ミルクココア | 12m89cm |
| 青紫 | 5m12cm |
| 紫 | 5m12cm |
| 白 | 11m20cm |

## 完成サイズ

16cm
20cm
11cm
26.5cm

## 作り方

※＝わかりやすいように紐の色を変えて説明しています。

**❶**

縦紐①
中心
横紐

横紐の上に縦紐①を重ねて十字に組み、中心を合わせる。
※

*Point*

**❶**の横紐と縦紐の重ね方は作品によって異なります。十字の中心をマスキングテープで留めておくと、ずれにくく、中心の目印にもなります。

**❷**

横紐を上側と下側へ3本ずつ、縦紐に対して交互に並べる。

**❸**

① ②

縦紐①2本と縦紐②6本を右側へ編み目が交互に出るように差し込む。

**❹**

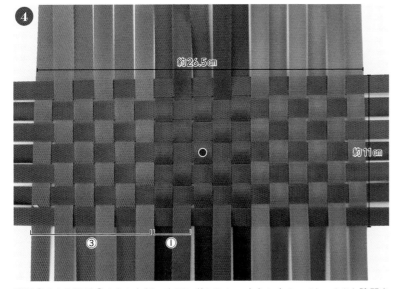

約26.5cm
約11cm
③ ①

縦紐①2本と縦紐③6本を左側へ交互に差し込む。中心に向かってしっかりと隙間を詰め、形を整える。

**❺**

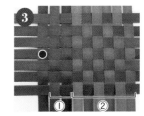

底の四方にマスキングテープを貼る。この面が底の内側になる。

**❻**

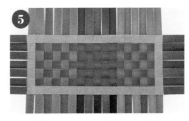

マスキングテープの外側に定規を当て、紐にしっかりと折り目を付けて立ち上げる。

**⑦**

紐を立ち上げたところ。

**⑧**

1段目は底と互い違いになる位置からスタートする。編み紐①を縦紐の裏にクリップで留め、右方向に交互に編む。＊

**⑨**

角はしっかりと折り目を付け、所々クリップで編み紐①を押さえながら編み進める。

**⑩**

編み終わり

編み始め

1周編み、編み終わりを編み始めの後ろに入れて縦紐4本分重ねる。紐端が縦紐の内側に隠れるように余分をカットする。

**⑪**

始末した箇所をクリップで留める（接着剤などは使用しない）。1段目を編んだところ。

**⑫**

下段と編み目が交互になるようにスタート位置を変え、編み紐①で2段目を編む。角は全段折り目を付ける。＊

### Point

数段編んだら隙間を詰め、クリップでしっかりと留めながら編みましょう。正面・背面の中央部分が側面に比べて高くなりやすいので、最後に高さが1周均等になるように揃えます。

**⑬**

— ②・1段
— ①・5段
— ②・1段
— ①・6段

隙間を詰めながら、編み紐①で更に4段、編み紐②で1段、編み紐①で5段、編み紐②で1段編む（計13段）。

**⑭**

約20cm

高さを揃えて形を整える。

**⑮**

外側から出ている紐を内側に折る。

**⑯**

内側

折った紐の余分をカットし、上から3段目に差し込む。

**⑰**

側面

縁紐を内側から出ている紐と最上段の間に差し込む。縁紐の両端は側面で紐の内側に隠れるようにする。＊

**⑱**

内側から出ている紐を外側に折り、余分をカットして上から3段目に差し込む。

**⑲**

縁紐の先端を通しやすいようにカットし、最上段の外側に交互に通す。編み目の短い方と長い方があるが、短い方に通す。＊

㉓ 側面

1周通し、先端が編み目の内側に隠れるように余分をカットして差し込み、始末する。

重ね紐の通し方

㉑

重ね紐を上から6段目の編み紐①に重ねて1周通す。重ね紐の位置は編み紐①の中央に合わせる。＊

Point

重ね紐は通しやすいように先端をカットしておきます。

㉒ 側面

1周通し、先端が編み目の内側に隠れるように余分をカットして差し込み、始末する。

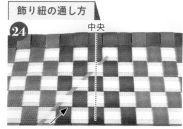

㉓

上に4段、同様に残りの重ね紐を通す（計5段）。＊

飾り紐の通し方

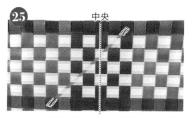

㉔ 中央

飾り紐①Aを写真の位置の重ね紐の下に差し込み、右上がりに通していく。＊

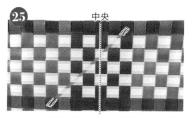

㉕ 中央

一番上の重ね紐の下まで通し、上端を最上段の下に差し込む。下端は余分をカットし、上から7段目の編み紐②の下に差し込む。

㉖

①B

飾り紐①Aを右隣に同様に通す。更に右隣へ、飾り紐①Bを下側の位置を合わせて3段通す。＊

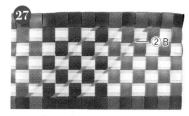

㉗

②B

飾り紐②Bを㉖の続きで3段差し込む。＊

㉘

飾り紐②A2本と飾り紐②B1本を、右隣に㉔〜㉖と同様に通す。＊

㉙ 背面側

縦紐の色に合わせながら㉗・㉘と同様に飾り紐を通していく。

㉚

1周通したところ。

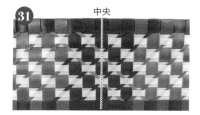

㉛ 中央

飾り紐①A2本を写真の位置の重ね紐の下に差し込み、左上がりに通す。＊

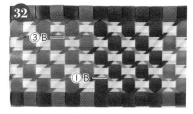

㉜

③B

①B

左隣へ飾り紐①Bを下側の位置を合わせて3段通し、飾り紐③Bを続きで3段差し込む。＊

㉝

飾り紐③A2本と飾り紐③B1本を、左隣に㉛・㉜と同じ要領で通す。＊

17

**34**

縦紐の色に合わせながら1周繰り返す。

**35** 側面

側面の様子。

既製の持ち手の付け方

**36**

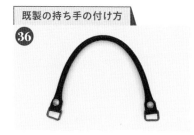

紐を通す穴や金具が付いた持ち手を用意する。

**37**

持ち手付け紐①を半分に折り、持ち手の金具に掛ける。通しやすいよう先端をカットしておく。＊

**38** 角 内側

㊲を正面端から4本目の内側の縁に差し込む。

**39** 内側

もう一度縁に差し込む。

**40** 内側

引き締める。下側の紐を上から3段目に差し込み、余分をカットする。

**41** 内側

上側の紐は、ひねって上から2段目に左から差し込む。

**42** 内側

引き締めてしっかりと折る。

**43** 内側

ひねって下の段に差し込む。

**44** 内側

引き締めてしっかりと折る。2段下に差し込み、余分をカットする。反対側と背面に、縦紐と持ち手付け紐の色を合わせ、同様に持ち手を付ける。

Finish!

完成！

気軽に持ち歩けるかわいらしさ

# リボン柄ボーダーバッグ

◆上
シルクリボンシリーズ〈22〉
シルクリボンシリーズ〈23〉

◆レシピ
クリーム
赤

◆P5
シルクリボンシリーズ〈11〉
シルクリボンシリーズ〈20〉

## 材料と寸法

| | | |
|---|---|---|
| 横紐① | 79cm×3本 | クリーム |
| 横紐② | 79cm×4本 | 赤 |
| 縦紐① | 64cm×9本 | クリーム |
| 縦紐② | 64cm×8本 | 赤 |
| 編み紐① | 82cm×5本 | 赤 |
| 編み紐② | 82cm×2本 | クリーム |
| 編み紐③ | 82cm×6本（1/2幅） | クリーム |
| 編み紐④ | 82cm×6本（1/2幅） | 赤 |
| 縁紐 | 82cm×2本 | 赤 |
| 重ね紐 | 82cm×3本（1/2幅） | クリーム |
| 飾り紐① | 10cm×24本（1/4幅） | クリーム |
| 飾り紐② | 10cm×24本（1/4幅） | 赤 |
| 持ち手紐 | 110cm×8本（1/2幅） | 赤 |

★ビニールチューブ（内径10mm）〈M's Factory販売商品〉　32cm×2本

## 必要な長さ

| | |
|---|---|
| クリーム | 14m47cm |
| 赤 | 21m48cm |

## 完成サイズ

11cm
20.5cm
11cm
26.5cm

## 作り方
＊＝わかりやすいように紐の色を変えて説明しています。

**❶**

縦紐①
中心
横紐①

横紐①の上に縦紐①を重ねて十字に組み、中心を合わせる。＊

**❷**

横紐②
横紐①
横紐②

横紐②①②の順で上側と下側へ計3本ずつ、縦紐①に対して交互に並べる。

**❸**
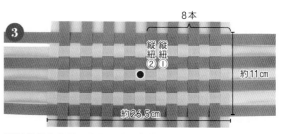
8本
縦紐②縦紐①
約11cm
約26.5cm

縦紐②①を右側へ交互に計8本差し込む。左側も同様に差し込む。中心に向かってしっかりと隙間を詰め、形を整える。

**❹**
P15❺〜P16❿を参照し、底にマスキングテープを貼って紐を立ち上げ、編み紐①で1段編む。角は1段目のみ折り目を付ける。＊

**❺**

編み紐②①の順で下段と編み目が交互になるように2段編む（計3段）。

**❻**
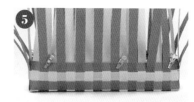
編み紐①
6段
編み紐③
編み紐④
編み紐①
編み紐②
編み紐①
約20.5cm
6段
編み紐④
編み紐③

隙間を詰めながら、編み紐①〜④で写真のように計19段編む。高さを揃え、形を整える。

**❼**
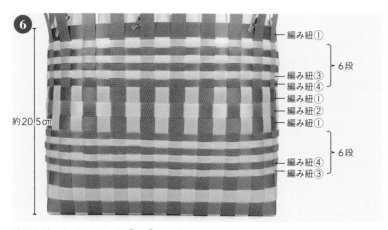

P16「縁の始末の仕方」を参照し、縁紐を使って縁の始末をする。

**⑧**

P17「重ね紐の通し方」を参照し、重ね紐を上から8〜10段目に通す。重ね紐の位置は編み紐の中央に合わせる。＊

**⑨**

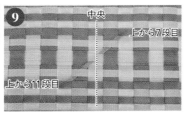

P17「飾り紐の通し方」を参照し、飾り紐①を写真のように重ね紐の下に通す。＊

**⑩**

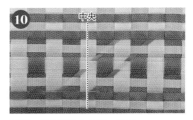

同様に飾り紐②を右隣に通す。＊

**⑪**

⑨・⑩を1周繰り返す。

**⑫**

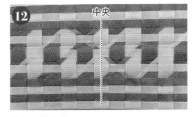

飾り紐①を左上がりに通す。＊

**⑬**

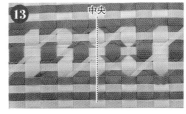

同様に飾り紐②を右隣に通す。＊

**⑭**

⑫・⑬を1周繰り返す。

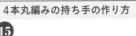
**4本丸編みの持ち手の作り方**

**⑮**

内径9〜12㎜のビニールチューブを用意する（本書は内径10㎜を使用）。

**⑯**

持ち手紐4本を重ね、先端をマスキングテープで留める。

**⑰**

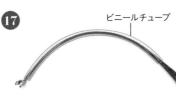

⑯をビニールチューブの中に通し、紐の先端をクリップで留め、抜けないようにする。

**⑱**

通した持ち手紐を写真のように組む。＊

**⑲**

Ⓓを後ろからまわしてⒶとⒷの間を通し、ⒷとⒸの間に出す。

**⑳**

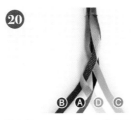

Ⓐを後ろからまわしてⒹとⒸの間を通し、ⒷとⒹの間に出す。

**㉑**

Ⓒを後ろからまわしてⒷとⒶの間を通し、ⒶとⒹの間に出す。

**22** Ⓑを後ろからまわしてⒸとⒹの間を通し、ⒶとⒸの間に出す。

**23** 引き締め、形を整えながら⑲〜㉒を繰り返す（4本丸編み）。

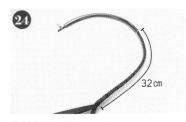

**24** 4本丸編みで32cm編む。

**25** ビニールチューブをずらして編んだ部分を中に入れ、クリップを外す。

**26** 両端を20cm残してカットする。持ち手を計2本作る。

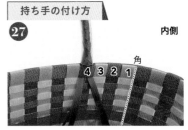

持ち手の付け方

**27** 内側　持ち手紐を左右2本ずつに分け、正面端から4本目の内側の縁に差し込む。＊

**28** 内側　右の2本をひねって右下に差し込む。

**29** 内側　引き締める。

**30** 内側　同様に右下へ差し込み、引き締める。

**31** 内側　ひねって左下に差し込む。

**32** 内側　同様に左下に差し込み、引き締める。

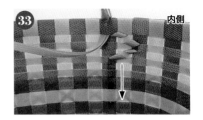

**33** 内側　下段へ2段差し込む。

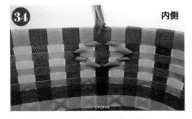

**34** 内側　左の2本を右とは対称に差し込み、まとめて余分をカットする。

**35** 反対側と背面も同様に持ち手を付ける。

Finish!

完成！

## マチ付きだからたくさん入れられて便利

# ドット柄のバッグ

---

◆上
メタリックブルー
大理石〈B〉
大理石〈A〉
足折れ金具持ち手-ベージュ

◆レシピ
青
黄色
ピンク
足折れ金具持ち手-赤

◆P9
黒
シルクリボンシリーズ〈20〉
シルクリボンシリーズ〈18〉
足折れ金具持ち手-ブラック

## 材料と寸法

| 縦紐① | 73cm×9本 | | 青 |
|---|---|---|---|
| 縦紐② | 73cm×8本 (1/2幅) | | 青 |
| 横紐① | 82cm×5本 | | 青 |
| 横紐② | 82cm×4本 (1/2幅) | | 青 |
| 編み紐① | 73cm×9本 | | 青 |
| 編み紐② | 73cm×8本 (1/2幅) | | 青 |
| 縁紐 | 74cm×2本 | | 青 |
| 飾り紐① | 20cm×8本 (1/2幅) | | 黄色 |
| 飾り紐② | 20cm×8本 (1/2幅) | | ピンク |
| 飾り紐③ | 25cm×4本 (1/2幅) | | 黄色 |
| 飾り紐④ | 25cm×4本 (1/2幅) | | ピンク |
| 持ち手付け紐 | 50cm×4本 (1/4幅) | | 青 |

★足折れ金具持ち手 - 赤〈M's Factory販売商品〉　1セット

## 必要な長さ

| 青 | 26m70cm |
|---|---|
| 黄色 | 1m30cm |
| ピンク | 1m30cm |

## 完成サイズ

13cm
21.5cm
11cm
20.5cm

## 作り方

＊＝わかりやすいように紐の色を変えて説明しています。

**❶**

縦紐①
中心
横紐①

縦紐①の上に横紐①を重ねて十字に組み、中心を合わせる。＊

**❷**

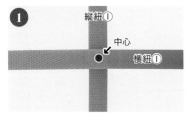

横紐①
横紐②
横紐①
横紐②

横紐②①②①の順で上側と下側へ計4本ずつ、縦紐①に対して交互に並べる。

**❸**

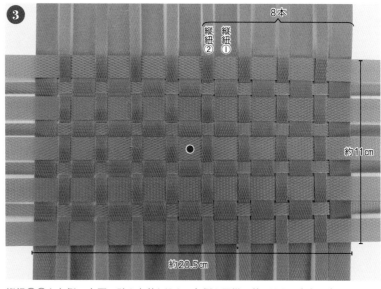

8本
縦紐② 縦紐①
約11cm
約20.5cm

縦紐②①を右側へ交互に計8本差し込む。左側も同様に差し込む。中心に向かってしっかりと隙間を詰め、形を整える。＊

**❹**

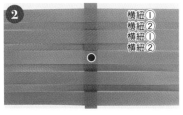

P15❺〜P16❿を参照し、底にマスキングテープを貼って紐を立ち上げ、編み紐①で1段編む。＊

**❺**

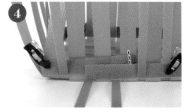

約21.5cm
計17段
編み紐①
編み紐②

隙間を詰めながら、編み紐②①を交互に計17段編み、高さを揃えて形を整える。角は全段折り目を付ける。

**❻**

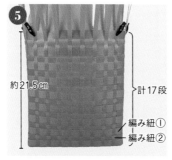

P16「縁の始末の仕方」を参照し、縁紐を使って縁の始末をする。

⑦ 飾り紐①を正面の下から2段目に交互に通し、余分をカットする。

⑧ 下から4段目も同様に飾り紐②を通す。

⑨ 偶数の段に飾り紐①②を交互に計8本通す。背面も同様にする。

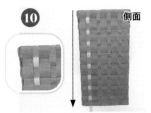

側面

⑩ 飾り紐③を側面左から2本目の縁の下から最下段まで通す。

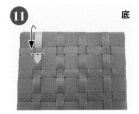

底

⑪ 底の角から2本目の紐の下に差し込み、余分をカットする。

側面

⑫ 偶数の列に飾り紐③④を交互に計4本通す。反対側も同様にする。

⑬ 持ち手の切り込みに、足折れ金具を表側から差し込む。

裏側

⑭ 足折れ金具の間に持ち手付け紐の中心を合わせて挟む。
*

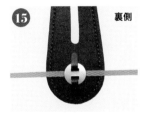

裏側

⑮ 足折れ金具に座金を通し、足をそれぞれ外側に折る。

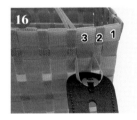

16
3 2 1

端から3本目の縦紐の両側の隙間から持ち手付け紐を差し込む。

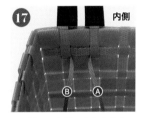

⑰ 内側

引き締め、内側に向きを変える。

⑱ 内側

Ⓐを左側から縦紐に掛ける。

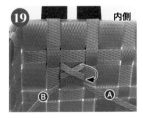

⑲ 内側

Ⓑを右側から縦紐に掛け、Ⓐと交差させる。

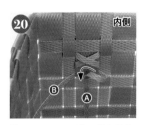

⑳ 内側

Ⓐをひねって下段に差し込む。

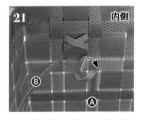

㉑ 内側

引き締める。ひねって右下に差し込む。

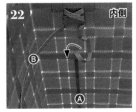

㉒ 内側

引き締める。ひねって左下に差し込む。

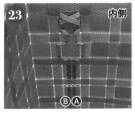

㉓ 内側

引き締め、下段に差し込む。ⒷをⒶとは対称に差し込み、まとめて余分をカットする。

㉔ 反対側と背面も同様に持ち手を付ける。

Finish!

完成!

25

色の組み合わせを楽しんで

# ジグザグ模様のバッグ

---

◆上
メタリックグリーン
白
着脱ホック式持ち手-ベージュ

◆レシピ
グレー
緑
着脱ホック式持ち手-ブラック

◆ P8
シルクリボンシリーズ〈32〉
シルクリボンシリーズ〈24〉
着脱ホック式持ち手-ブラック

## 材料と寸法

| | | |
|---|---|---|
| 横紐 | 82cm×7本 | グレー |
| 縦紐 | 66cm×17本 | グレー |
| 編み紐 | 80cm×13本 | グレー |
| 縁紐 | 80cm×2本 | グレー |
| 飾り紐① | 70cm×16本(1/2幅) | 緑 |
| 飾り紐② | 44cm×2本(1/2幅) | 緑 |
| 飾り紐③ | 38cm×2本(1/2幅) | 緑 |
| 飾り紐④ | 32cm×2本(1/2幅) | 緑 |
| 飾り紐⑤ | 28cm×2本(1/2幅) | 緑 |
| 飾り紐⑥ | 24cm×2本(1/2幅) | 緑 |
| 飾り紐⑦ | 18cm×2本(1/2幅) | 緑 |
| 飾り紐⑧ | 14cm×2本(1/2幅) | 緑 |
| 持ち手付け紐 | 40cm×4本 | グレー |

★着脱ホック式持ち手 - ブラック〈M's Factory販売商品〉 1セット

## 必要な長さ

| | |
|---|---|
| グレー | 30m56cm |
| 緑 | 7m58cm |

## 完成サイズ

16cm
20cm
11cm
26.5cm

## 作り方

※＝わかりやすいように紐の色を変えて説明しています。

**❶**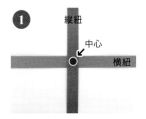
縦紐　中心　横紐
横紐の上に縦紐を重ねて十字に組み、中心を合わせる。※

**❷**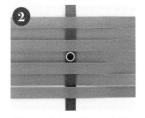
横紐を上側と下側へ3本ずつ、縦紐に対して交互に並べる。

**❸**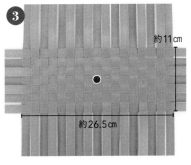
約11cm　約26.5cm
縦紐を右側と左側へ8本ずつ、編み目が交互に出るように差し込む。中心に向かってしっかりと隙間を詰め、形を整える。

**❹**
P15❺～P16❿を参照し、底にマスキングテープを貼って紐を立ち上げ、編み紐で1段編む。角は1段目のみ折り目を付ける。※

**❺**
約20cm
隙間を詰めながら、編み目が交互に出るように編み紐で計13段編み、高さを揃えて形を整える。

**❻**
P16「縁の始末の仕方」を参照し、縁紐を使って縁の始末をする。

**❼**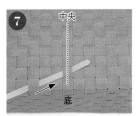
中央　底
飾り紐①を中央から3本左の最下段の縦紐の下に通し、1段上の中央の縦紐の下に通す。

**❽**
角
右上がりに通していく。

**❾**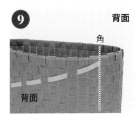
背面　角　背面
最上段まで通し、余分をカットする。

**❿**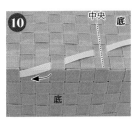
中央　底　底
下端は余分をカットし、底に差し込む。

**⓫**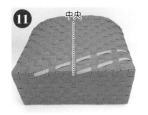
中央
2本目の飾り紐①を1本目の6本右へ同様に通し、底に差し込む。

27

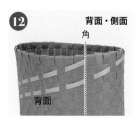

**12** 　　　　　　　背面・側面
　　　　　　　角

背面

最上段まで通し、余分はカット
する。

**13**

1周繰り返す（計8本）。

**14** 　　　　　　中央

飾り紐①を中央から3本左の
最下段の縦紐に通し、1段
上、3本左の縦紐に通す。＊

**15** 　　　　　　　背面

左上がりに最上段まで通す。
下端は余分をカットし、⑩と
同様に底に差し込む。

**16**

⑭の6本右へ同様に通す。＊

**17**

1周繰り返す（計8本）。

**18** 　　　　　　　　左側面

背面側　　　　　　　　正面側

中央

飾り紐②の下端を、左側面中央の左隣、
下から5段目の横紐に差し込む。＊

**19** 　　　　左側面

2本先へ右上がりに通していく。

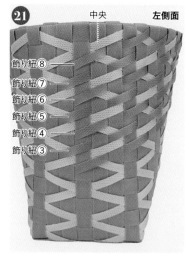

**21** 　　　中央　　左側面

飾り紐⑧
飾り紐⑦
飾り紐⑥
飾り紐⑤
飾り紐④
飾り紐③

飾り紐③〜⑧の下端の差し込む位置を
ずらし、同様に右上がりに通していく。＊

**22** 　　　中央　　右側面

飾り紐⑧
飾り紐⑦
飾り紐⑥
飾り紐⑤
飾り紐④
飾り紐③
飾り紐②

右側面は飾り紐②〜⑧を左側面とは対
称の位置に通す。＊

**20**

最上段まで通し、余分をカットする。

**23**

正面から見たところ。

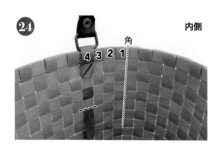

**24** 　　　　　　　　　内側
　　　　　　　角
　　　4 3 2 1

P18「既製の持ち手の付け方」を参照し、端か
ら4本目の位置に持ち手付け紐で持ち手を付
ける。反対側と背面も同様に持ち手を付ける。＊

*Finish!*

完成！

爽やかなカラーがピクニックにぴったり

# クリアのランチバッグ

| ◆上 | ◆レシピ | ◆P1 |
| --- | --- | --- |
| 透明 | 透明 | 透明 |
| 青紫 | 緑 | オレンジ |
| クリアブルー | クリアイエロー | クリーム |
| クリアグリーン | 黄色 | ミルクココア |

| 横紐 | 65cm×7本 | 透明 |
|---|---|---|
| 縦紐 | 56cm×13本 | 透明 |
| 編み紐① | 70cm×4本 | 緑 |
| 編み紐② | 70cm×3本 | クリアイエロー |
| 編み紐③ | 70cm×3本 | 透明 |
| 縁紐 | 70cm×2本 | 透明 |
| 重ね紐① | 70cm×4本（1/2幅） | 緑 |
| 重ね紐② | 70cm×3本（1/2幅） | クリアイエロー |
| 重ね紐③ | 70cm×2本（1/2幅） | 透明 |
| 飾り紐① | 190cm×1本（1/4幅） | 緑 |
| 飾り紐② | 190cm×1本（1/4幅） | 黄色 |
| 持ち手紐 | 100cm×8本（1/2幅） | 透明 |

★ビニールチューブ（内径10mm）〈M's Factory販売商品〉　30cm×2本

**必要な長さ**

| 透明 | 20m 3cm |
|---|---|
| 緑 | 6m 10cm |
| クリアイエロー | 3m 50cm |
| 黄色 | 1m 90cm |

**完成サイズ**

12cm
15cm
11cm
20cm

**作り方**　＊＝わかりやすいように紐の色を変えて説明しています。

**❶** 縦紐　中心　横紐

横紐の上に縦紐を重ねて十字に組み、中心を合わせる。＊

**❷**

横紐を上側と下側へ3本ずつ、縦紐に対して交互に並べる。

**❸**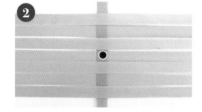

約11cm　約20cm

縦紐を右側と左側へ6本ずつ、編み目が交互に出るように差し込む。中心に向かってしっかりと隙間を詰め、形を整える。

**❹** 側面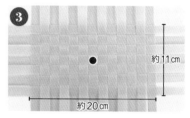

P15❺〜P16❿を参照し、底にマスキングテープを貼って紐を立ち上げる。編み紐①で1段編む。角は1段目のみ折り目を付ける。

*Point*

透け感のあるPPバンドを使用するため、側面からスタートします。

**❺** 側面

下段と編み目が交互になるように2段目を編む。前段と反対側の側面からスタートする。

**❻**

約15cm　③②①

同様に編み紐①で更に2段編み、編み紐②で3段、編み紐③で3段編む（計10段）。

**❼**

P16「縁の始末の仕方」を参照し、縁紐を使って縁の始末をする。

**❽**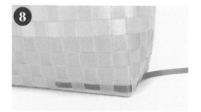

P17「重ね紐の通し方」を参照し、重ね紐①を最下段に通す。重ね紐の位置は編み紐の中央に合わせる。＊

**❾**

③②①

同様に重ね紐①を更に3段、重ね紐②を3段、重ね紐③を2段通す。＊

**⑩** 飾り紐①の端を、側面中央の下から4段目の紐に左から差し込む。＊

**⑪** 飾り紐①を重ね紐②の下へ右上がりに3段通し、4段上の紐に右から差し込む。

**⑫** 飾り紐①を重ね紐②の下へ右下がりに3段通し、4段下の紐に右から差し込む。

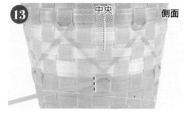

**⑬** ⑪・⑫を1周繰り返す。編み終わりは編み始めと同じ紐に差し込み、余分をカットする。

**⑭** 飾り紐②の端を、側面中央の下から8段目の紐に左から差し込む。＊

**⑮** ⑪・⑫と同様にする。

**⑯** 1周繰り返す。編み終わりは編み始めと同じ紐に差し込み、余分をカットする。

**⑰** 正面の様子。

**⑱** P21「4本丸編みの持ち手の作り方」を参照し、持ち手紐とビニールチューブで30cmの持ち手を2本編む。＊

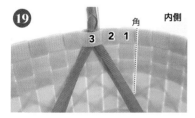

**⑲** 持ち手紐を左右2本ずつに分け、正面端から3本目の内側の縁に差し込む。

**⑳** 右の2本をひねって右下に差し込む。

**㉑** 引き締める。

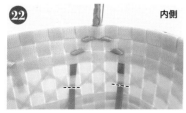

**㉒** ⑳・㉑をもう一度繰り返し、更に下段に差し込む。左の2本を右とは対称に差し込み、それぞれ余分をカットする。

**㉓** 反対側と背面にも同様に持ち手を付ける。

*Finish!*

完成！

キッチンツールやステーショナリーの整理に

# 仕切り箱付き整頓ボックス

| ◆上 | ◆レシピ |
|---|---|
| ミルクココア | クッキー |
| ピンク | 赤 |
| 黄色 | 黄色 |
| 深緑 | 深緑 |

## 材料と寸法

**【本体】**

| | | |
|---|---|---|
| 横紐 | 63cm×14本 | クッキー |
| 縦紐 | 60cm×15本 | クッキー |
| 編み紐 | 100cm×8本 | クッキー |
| 縁紐 | 100cm×2本 | クッキー |
| 持ち手紐① | 50cm×2本 | クッキー |
| 持ち手紐② | 22cm×2本 | クッキー |
| 持ち手巻き紐 | 100cm×2本(1/2幅) | クッキー |
| 縁かがり紐 | 330cm×1本(1/4幅) | クッキー |
| 花① | 4.5cm×24本 | 赤 |
| 花② | 4.5cm×6本 | 黄色 |
| 葉 | 7.5cm×6本(1/2幅) | 深緑 |

**【仕切り小】**

| | | |
|---|---|---|
| 横紐 | 47cm×5本 | クッキー |
| 縦紐 | 44cm×7本 | クッキー |
| 編み紐 | 46cm×8本 | クッキー |
| 縁紐 | 46cm×2本 | クッキー |

**【仕切り中】**

| | | |
|---|---|---|
| 横紐 | 47cm×8本 | クッキー |
| 縦紐 | 48.5cm×7本 | クッキー |
| 編み紐 | 55cm×8本 | クッキー |
| 縁紐 | 55cm×2本 | クッキー |

**【仕切り大】**

| | | |
|---|---|---|
| 横紐 | 56cm×7本 | クッキー |
| 縦紐 | 47cm×13本 | クッキー |
| 編み紐 | 70cm×8本 | クッキー |
| 縁紐 | 70cm×2本 | クッキー |

## 必要な長さ

| | |
|---|---|
| クッキー | 73m27.5cm |
| 赤 | 1m8cm |
| 黄色 | 27cm |
| 深緑 | 22.5cm |

## 完成サイズ

12.5cm / 21.5cm / 23cm

## 作り方

※=わかりやすいように紐の色を変えて説明しています。

### 【本体】を作る

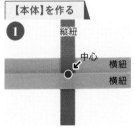

**①** 縦紐 / 中心 / 横紐 / 横紐

縦紐と横紐2本を写真のように組み、中心を合わせる。※

**②** 横紐を上側と下側へ6本ずつ、縦紐に対して交互に並べる。

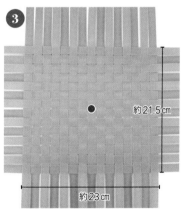

**③** 約21.5cm / 約23cm

縦紐を右側と左側へ7本ずつ、編み目が交互に出るように差し込む。中心に向かってしっかりと隙間を詰め、形を整える。

**④** P15❺〜P16❿を参照し、底にマスキングテープを貼って紐を立ち上げ、編み紐で1段編む。※

**⑤** 約12.5cm

隙間を詰めながら、編み目が交互に出るように編み紐で計8段編み、高さを揃えて形を整える。角は全段折り目を付ける。

**⑥** P16「縁の始末の仕方」を参照し、縁紐を使って縁の始末をする。

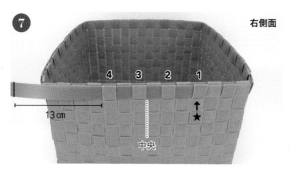

**⑦** 右側面

13cm　4　3　2　1　中央　★

持ち手紐①を★の位置から紐4本の下に通し、13cmの位置に印を付ける。＊

**⑧** 右側面

★

13cmの印を★に合わせて紐の下に差し込み、輪を作る。

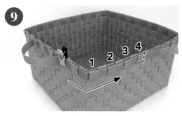

**⑨**

1　2　3　4

角まで交互に通し、紐4本の下に通して余分をカットする。

**⑩** 右側面

1　2

持ち手紐②を輪の左側根元に紐2本分差し込む。＊

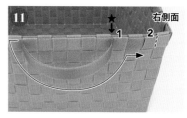

**⑪** 右側面

★　1　2

持ち手紐①に重ねて★の位置から紐2本の下に通し、余分をカットする。

**⑫** 右側面

持ち手巻き紐を側面左端から紐2本の下に通す。＊

**⑬** 右側面

ひねって右下に通す。

**⑭** 右側面

引き締める。

**⑮** 右側面

上に向けて折り、持ち手に掛ける。

**⑯** 右側面

反対側まで隙間なく巻く。

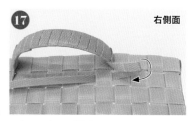

**⑰** 右側面

ひねって左下に通す。

**⑱** 右側面

引き締める。

**⑲** 右側面

ひねって左上に通す。

**⑳** 右側面

引き締め、左隣の紐の下に通し、余分をカットする。

㉑ 左側面

中央

13cm

左側面に向きを変える。持ち手紐①を❼と対称に通し、印を付ける。＊

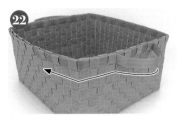

㉒

❽～⓫を参照し、右側面と対称に持ち手①②を付ける。

㉓ 左側面

⓬～⑳を参照し、右側面と対称に持ち手巻き紐を付ける。

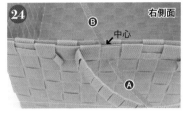

㉔ 右側面

Ⓑ

中心

Ⓐ

縁かがり紐の中心を外側の縁紐の下に通す。＊

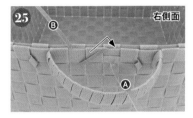

㉕ 右側面

Ⓑ

Ⓐ

Ⓐを右隣に掛ける。

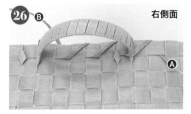

㉖ 右側面

Ⓑ

Ⓐ

同様に右方向へ斜めに掛けていく。

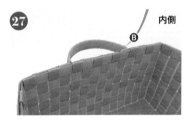

㉗ 内側

Ⓑ

内側から見たところ。

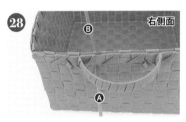

㉘ 右側面

Ⓑ

Ⓐ

1周したところ。

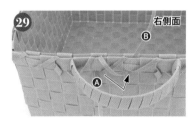

㉙ 右側面

Ⓑ

Ⓐ

Ⓑを右隣に掛ける。

㉚

同様に右方向に掛けていく。クロス模様ができる。

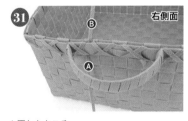

㉛ 右側面

Ⓑ

Ⓐ

1周したところ。

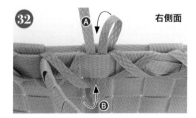

㉜ 右側面

Ⓐ

Ⓑ

ⒶとⒷを縁紐と持ち手紐の間に差し込む。

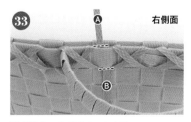

㉝ 右側面

Ⓐ

Ⓑ

引き締め、余分をカットする。

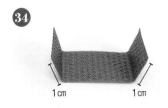

㉞

1cm    1cm

すべての花①②の両端を1cm折る。

㉟

葉をひねって丸め、両端を重ねてホチキスで固定する。

**36** 中央

❸❹で折った花①の1㎝を、正面中央の上から4段目の編み紐に下から差し込む。

**37**

反対側の1㎝を上から差し込み、カーブした部分を抑えてかまぼこ型に成形する。花①を縦向きに差し込んだところ。

**38**

2段下へ花①を❸❻・❸❼と同様に差し込む。

**39**

花①2つの間に、花②を縦紐の下へ横向きに差し込む。

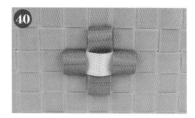

**40**

花②の両隣に花①を縦向きに差し込む。

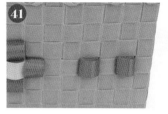

**41**

写真の箇所に、花①2つを横向きに差し込む。

**42**

花①2つの間に、花②を縦向きに差し込む。

**43**

花②の上下に花①を横向きに差し込む。

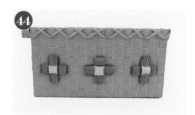

**44**

左側の対称の位置にも同様に花①②を付ける。

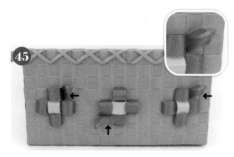

**45**

写真の位置の縦紐と編み紐の下に❸❺の根元を差し込む。

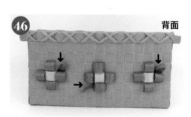

**46** 背面

同じ要領で背面にも花①②と葉を付ける。付け方の横と縦の向きは正面と逆になる。【本体】の完成。

**47** 【仕切り小】を作る

縦紐 中心 横紐

横紐の上に縦紐を重ねて十字に組み、中心を合わせる。

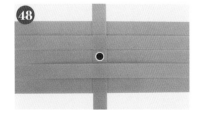

**48**

横紐を上側と下側へ2本ずつ、縦紐に対して交互に並べる。

**49** 約8㎝ 約11㎝

縦紐を右側と左側へ3本ずつ、編み目が交互に出るように差し込む。中心に向かってしっかりと隙間を詰め、形を整える。

**50**

P15❺～P16❿を参照し、底にマスキングテープを貼って紐を立ち上げ、編み紐で1段編む。※

**51**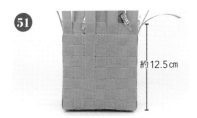

約12.5cm

隙間を詰めながら、編み目が交互に出るように編み紐で計8段編み、高さを揃えて形を整える。角は全段折り目を付ける。

**52**

P16「縁の始末の仕方」を参照し、縁紐を使って縁の始末をする。【仕切り小】の完成。

**53**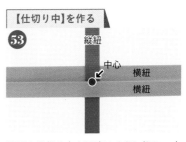

【仕切り中】を作る

縦紐
中心
横紐
横紐

横紐と縦紐2本を写真のように組み、中心を合わせる。＊

**54**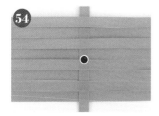

横紐を上側と下側へ3本ずつ、縦紐に対して交互に並べる。

**55**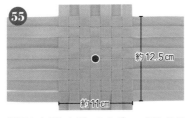

約12.5cm
約11cm

縦紐を右側と左側へ3本ずつ、編み目が交互に出るように差し込む。中心に向かってしっかりと隙間を詰め、形を整える。

**56**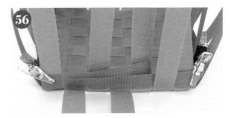

P15⑤〜P16⑩を参照し、底にマスキングテープを貼って紐を立ち上げ、編み紐で1段編む。＊

**57**

約12.5cm

隙間を詰めながら、編み目が交互に出るように編み紐で計8段編み、高さを揃えて形を整える。角は全段折り目を付ける。

**58**

P16「縁の始末の仕方」を参照し、縁紐を使って縁の始末をする。【仕切り中】の完成。

**59**

【仕切り大】を作る

縦紐
中心
横紐

横紐の上に縦紐を重ねて十字に組み、中心を合わせる。

**60**

横紐を上側と下側へ3本ずつ、縦紐に対して交互に並べる。

**61**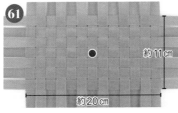

約11cm
約20cm

縦紐を右側と左側へ6本ずつ、編み目が交互に出るように差し込む。中心に向かってしっかりと隙間を詰め、形を整える。

**62**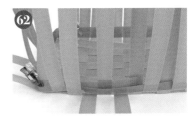

P15⑤〜P16⑩を参照し、底にマスキングテープを貼って紐を立ち上げ、編み紐で1段編む。＊

**63**

約12.5cm

隙間を詰めながら、編み目が交互に出るように編み紐で計8段編み、高さを揃えて形を整える。角は全段折り目を付ける。

**64**

P16「縁の始末の仕方」を参照し、縁紐を使って縁の始末をする。【仕切り大】の完成。

Finish!

本体に【仕切り大・中・小】を入れて完成！

水に強いからバスルームでも活躍

# 編み目模様の小物入れ

## 材料と寸法

| | | |
|---|---|---|
| 横紐 | 44cm×5本 | メタリックピンク |
| 縦紐 | 44cm×5本 | メタリックピンク |
| 編み紐 | 40cm×7本 | メタリックピンク |
| 縁紐 | 40cm×2本 | メタリックピンク |
| 重ね紐 | 38cm×10本(1/2幅) | クリーム |
| 飾り紐 | 20cm×20本(1/3幅) | ピンク |

## 必要な長さ

| | |
|---|---|
| メタリックピンク | 8m |
| クリーム | 1m90cm |
| ピンク | 1m40cm |

## 完成サイズ

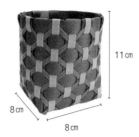

11cm
8cm
8cm

## 作り方 ※=わかりやすいように紐の色を変えて説明しています。

**①**

縦紐
中心
横紐

横紐の上に縦紐を重ねて十字に組み、中心を合わせる。※

**②**

横紐を上側と下側へ2本ずつ、縦紐に対して交互に並べる。

**③**

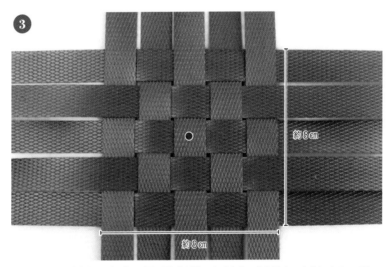

約8cm
約8cm

縦紐を右側と左側へ2本ずつ、編み目が交互に出るように差し込む。中心に向かってしっかりと隙間を詰め、形を整える。

**④**

P15❺〜P16❿を参照し、底にマスキングテープを貼って紐を立ち上げる。編み紐で1段編む。角は1段目のみ折り目を付ける。※

**⑤**

約11cm

隙間を詰めながら、編み目が交互に出るように編み紐で計7段編み、高さを揃えて形を整える。

**⑥**

P16「縁の始末の仕方」を参照し、縁紐を使って縁の始末をする。

**⑦**

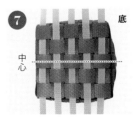

底
中心

底に向きを変える。重ね紐5本の中心を合わせ、縦方向へ交互に差し込む。

**8** 正面の最上段まで差し込む。背面も同様に差し込む。

内側

**9** 縁紐の外側から出ている紐は余分をカットして縦紐に沿って差し込み、内側から出ている紐は高さを合わせてカットする。

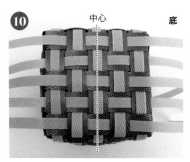

中心　　　　底

**10** 底に向きを変える。重ね紐5本の中心を合わせ、横方向へ交互に差し込む。

側面

**11** ❽・❾と同様に最上段まで差し込み、始末する。

中央

**12** 飾り紐を最下段の重ね紐の下に差し込み、右上がりに通していく。※

側面中央　　側面

**13** 最上段の重ね紐の下まで通し、余分をカットする。

中央

底

**14** 下端は余分をカットし、底に差し込む。

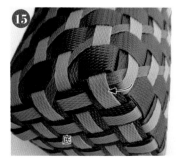

底

**15** 同様に飾り紐を通していく。角は下端を写真のように差し込む。

**16** 1周（計10本）右上がりに通したところ。

側面中央

**17** 飾り紐を⓬〜⓮を参照し、左上がりに通す。※

底

**18** 残りの飾り紐を同様に1周（計10本）左上がりに通す。

Finish!

完成！

おしゃれな見た目は素敵なギフトにも

# ストライプ柄のワインラック

◆ 上・表紙
STゴールド
シルクリボンシリーズ〈6〉

◆ レシピ
ST緑
クッキー

◆ P5
STシルバー
シルクリボンシリーズ〈20〉

## 作り方　＊＝わかりやすいように紐の色を変えて説明しています。

**❶**

縦紐
中心
横紐

横紐の上に縦紐を重ねて十字に組み、中心を合わせる。

**❷**

横紐を上側と下側へ2本ずつ、縦紐に対して交互に並べる。

**❸**

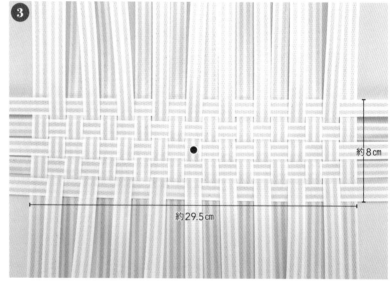

約8cm
約29.5cm

縦紐を右側と左側へ9本ずつ、編み目が交互に出るように差し込む。中心に向かってしっかりと隙間を詰め、形を整える。

**❹**

P15❺〜P16❿を参照し、底にマスキングテープを貼って紐を立ち上げ、編み紐で1段編む。角は1段目のみ折り目を付ける。

**❺**

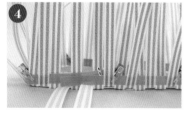

約8cm

隙間を詰めながら、編み目が交互に出るように編み紐で計5段編み、高さを揃えて形を整える。

**❻**

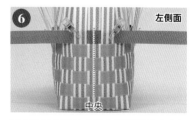

左側面
中央

残りの編み紐の中心を左側面の中央に合わせて交互に編む。＊

42

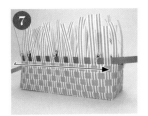

正面を交互に編む。

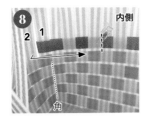

右側面の端から1本目と2本目の間から内側に折り、交互に編む。余分は隠れる位置でカットする。

背面を⑦・⑧と対称に編む。

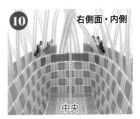

補強紐の中心を上から2段目の側面中央に合わせ、両端を縦紐の下に差し込む。＊

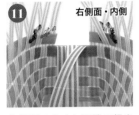

右側面の中央と両隣の紐を内側に折る。

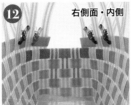

余分をカットし、下段に差し込む。

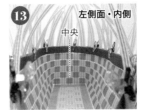

縁紐の中心を左側面中央に合わせ、内側に通す。＊

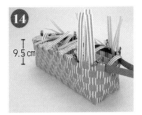

正面と背面の右端から3本ずつを残し、隙間を詰めて高さを揃え、紐を内側に折る。

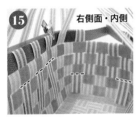

右側面の紐は上から4段目まで差し込み、最上段から内側に出ている紐は上から2段目まで差し込む。余分をカットする。

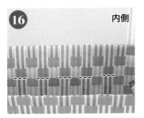

内側に折った残りの紐を下段へ差し込み、余分をカットする。

縁紐の端を外側に折る。

縦紐の下で余分をカットし、クリップで留めておく。背面も同様にする。

残りの縁紐を最上段内側へ交互に通す。＊

反対側まで通し、余分をカットする。

編み紐Aの端を、残した縦紐3本の左端に合わせ、交互に編む。＊

編み紐Aを後ろに折る。

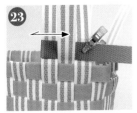

編み紐Aを手前に折り、交互に編む。

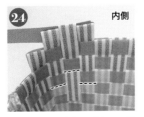

縦紐3本を内側に折り、下段に差し込んで余分をカットする。

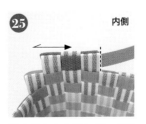

編み紐Aを内側に折って交互に編み、余分をカットする。背面も㉑〜㉕と同様にする。

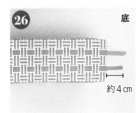

底に向きを変える。飾り紐①を2本重ねて横向きに2か所通し、右側を約4cm出す。

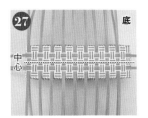

飾り紐②を2本重ね、右端
以外へ、中心を合わせて縦
向きに通す。

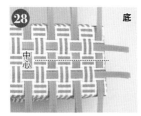

残りの飾り紐②1本を右端に
通す。

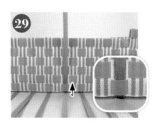

かごの向きを戻す。重なって
いる上側の飾り紐を最下段
の編み紐の下に通す。＊

ひねって右上に差し込む。

引き締める。ひねって左上に差し込む。

引き締める。

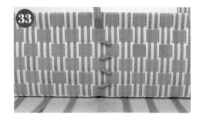

㉚〜㉜をもう1回繰り返す。

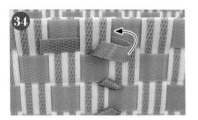

ひねって上段に右から差し込む。

引き締め、余分をカットする。

重なっていた下側の紐を㉙〜㉟と対称に
繰り返す。

右側面の4cmを残し、飾り紐が2本重
なっている箇所はすべて同様にする。

飾り紐③の端を写真の位置の下へ差し
込む。＊

ひねって下段に差し込む。

引き締める。ひねって下段に右から差し
込む。

引き締める。ひねって下段に上から差し
込む。

引き締め、余分をカットする。

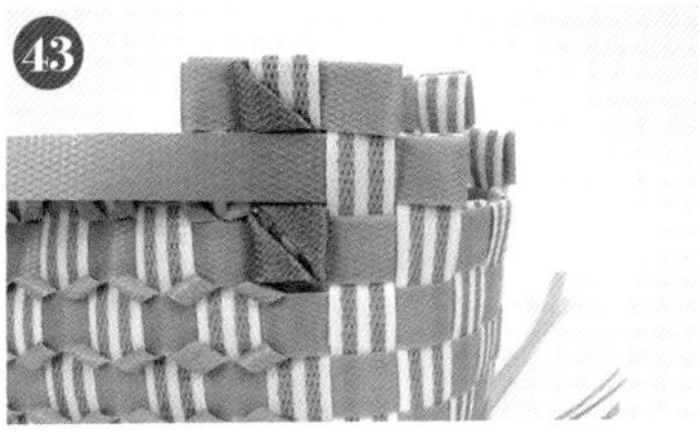


2本目の飾り紐③を㊳の右斜め下に差し込む。＊

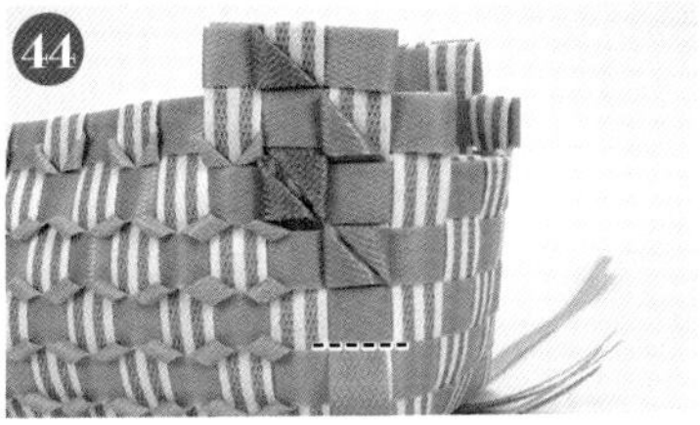


㊴〜㊷と同様にする。

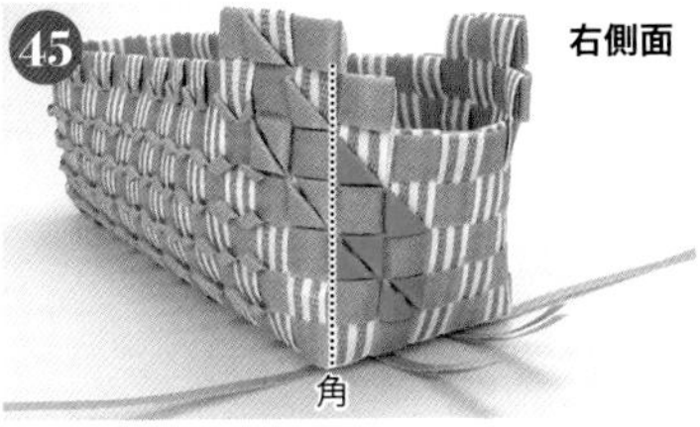


㊸・㊹と同じ要領で、写真の位置であと2回繰り返す。＊

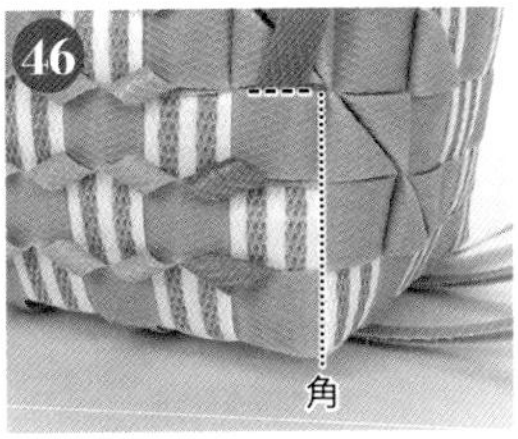


㉘で差し込んだ飾り紐②を2回ひねって上段に差し込み、余分をカットする。＊

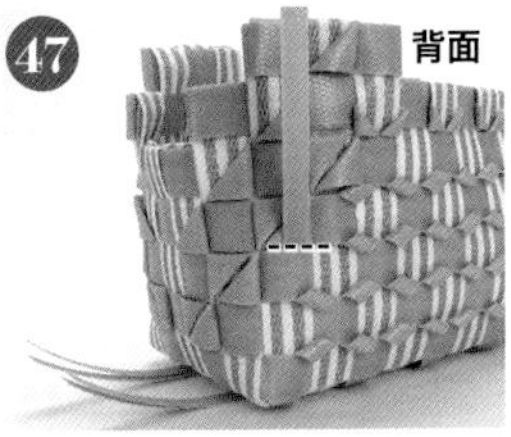


背面を㊳〜㊻と対称に繰り返す。

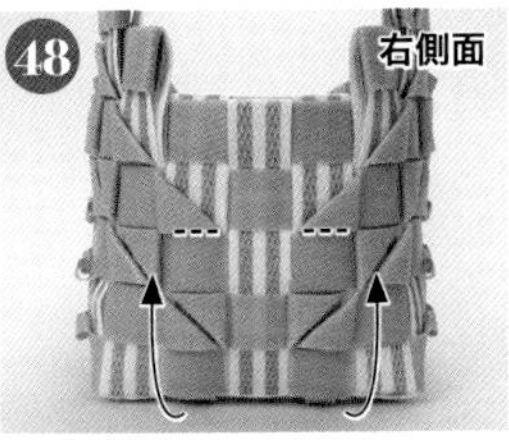


㊲で残した飾り紐①を上に差し込む。

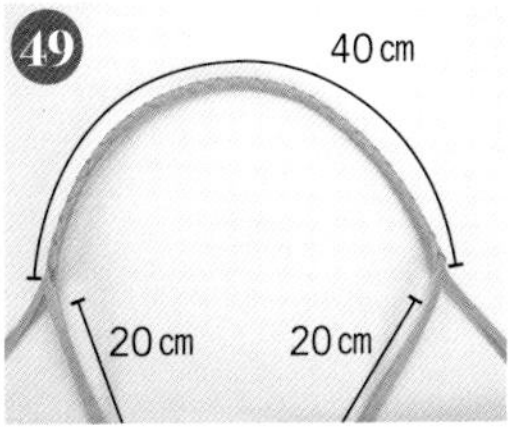


P21「4本丸編みの持ち手の作り方」を参照し、持ち手紐で40㎝の持ち手を2本編む。

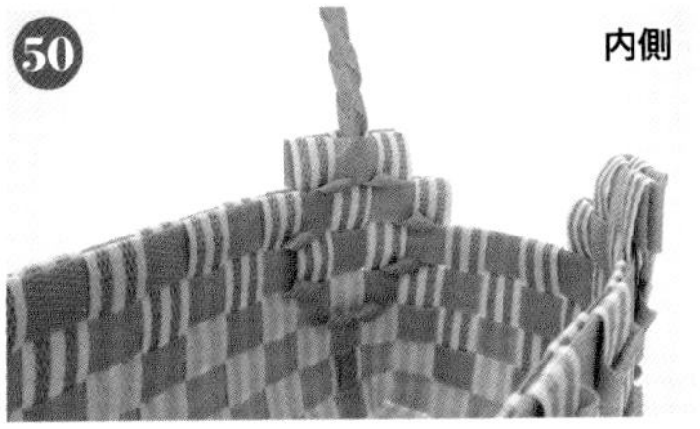


持ち手紐を背面内側の写真の縁に差し込む。P22「持ち手の付け方」を参照し、ひねって下段に差し込む。＊

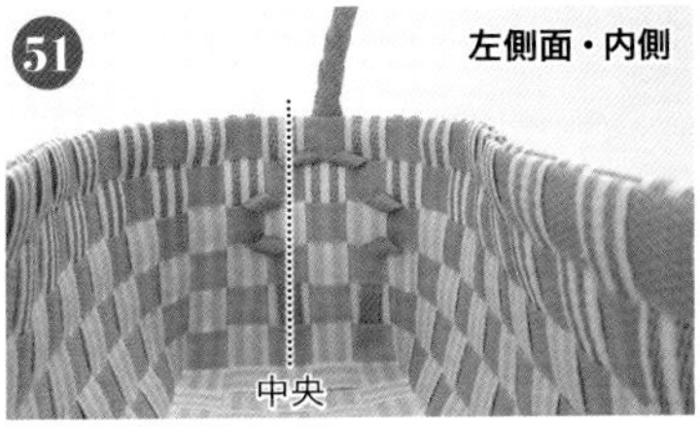


反対側は中央右隣に差し込み、㊿より1段少なくひねって下段に差し込む。

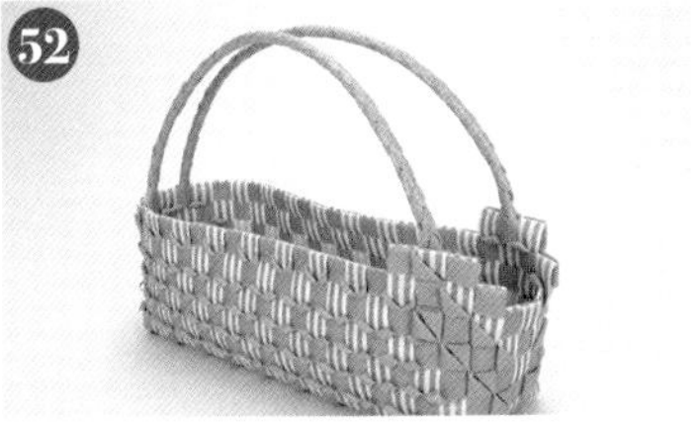


反対側に㊿・(51)と同様に持ち手を付ける。

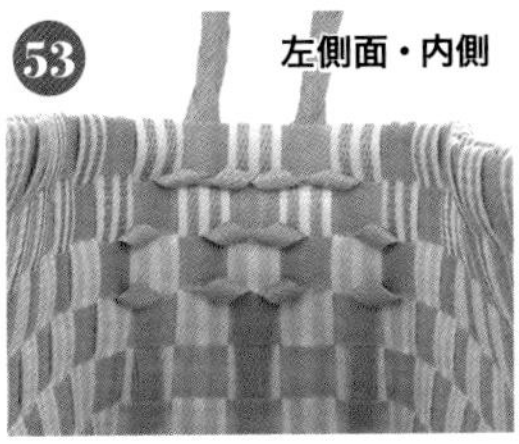


内側から見たところ。

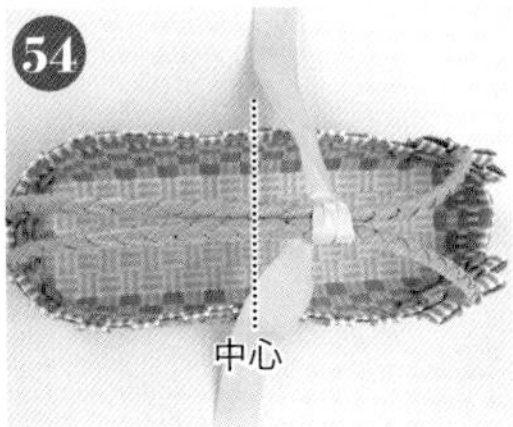


持ち手を合わせ、中心より若干右にリボンの中心を結ぶ。結び目は下になるようにする。

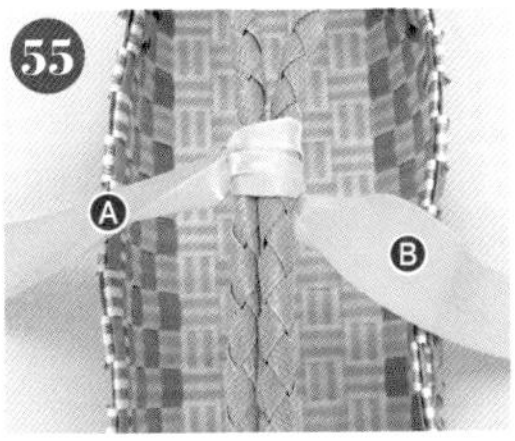


左側面が手前にくるように向きを変える。

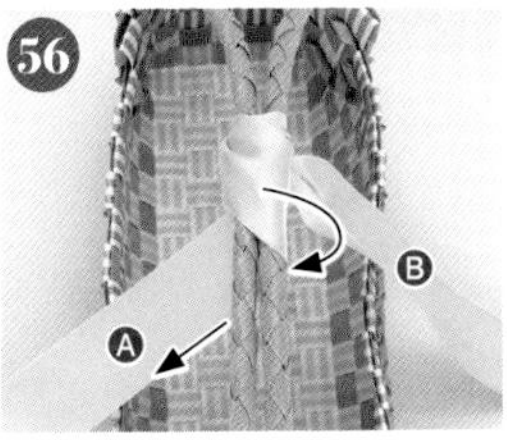


Ⓐを斜めに1周巻く。

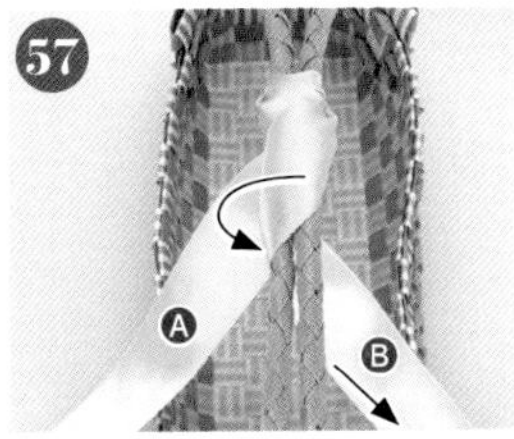


Ⓑを斜めに1周巻く。

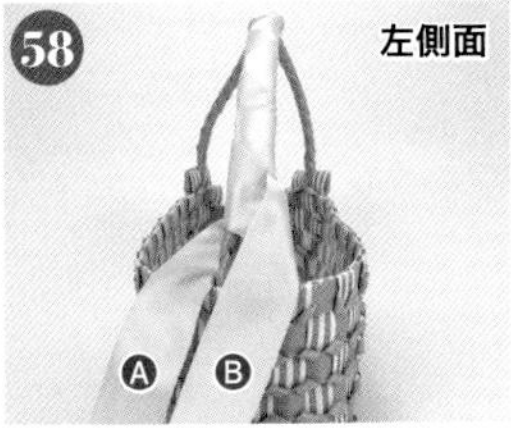


(56)・(57)を4回繰り返す。

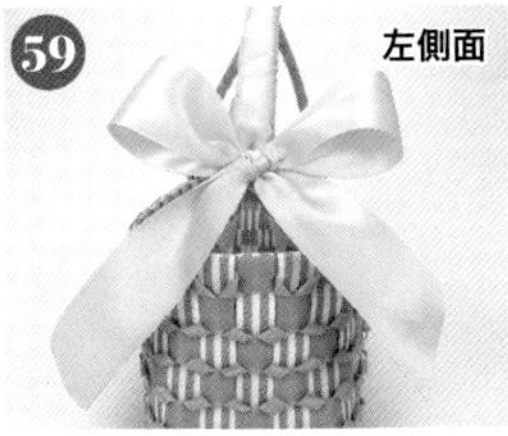


ⒶとⒷでリボン結びを結ぶ。

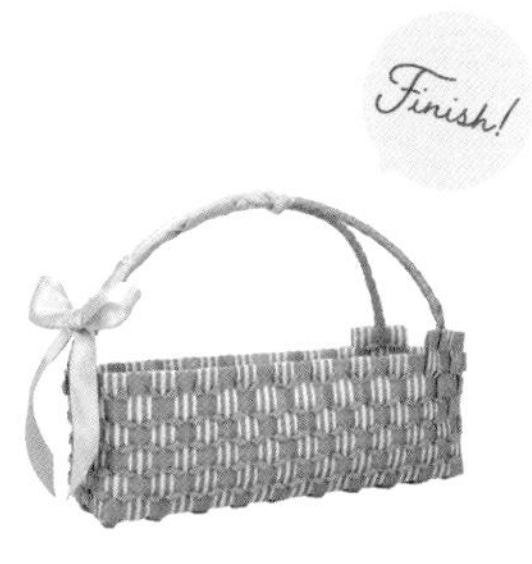


完成！

デザイン参考/吉村真由美

たっぷり入ってショッピングに最適

# ウッドスタイルの大きなバッグ

◆上
〈W〉ウッドグレー
〈W〉白木
〈M〉白木
〈M〉ウッドグレー

◆レシピ・表紙
〈W〉ウォールナット
〈W〉白木
〈M〉白木
〈M〉ウォールナット

## 材料と寸法

| | | |
|---|---|---|
| 縦紐 | 90㎝×11本 | 〈W〉ウォールナット |
| 横紐 | 113㎝×3本 | 〈W〉ウォールナット |
| 編み紐① | 100㎝×4本 | 〈W〉白木 |
| 編み紐② | 100㎝×4本 | 〈W〉ウォールナット |
| 縁紐 | 100㎝×2本 | 〈W〉ウォールナット |
| 重ね紐① | 100㎝×4本 | 〈M〉白木 |
| 重ね紐② | 100㎝×4本(1/4幅) | 〈M〉ウォールナット |
| 重ね紐③ | 100㎝×3本 | 〈M〉ウォールナット |
| 重ね紐④ | 100㎝×3本(1/4幅) | 〈M〉白木 |
| 飾り紐① | 70㎝×11本(1/4幅) | 〈M〉白木 |
| 飾り紐② | 90㎝×3本(1/4幅) | 〈M〉白木 |
| 飾り紐③ | 40㎝×28本(1/2幅) | 〈M〉白木 |
| 飾り紐④ | 83㎝×14本(1/4幅) | 〈M〉白木 |
| 持ち手付け紐① | 150㎝×2本 | 〈M〉ウォールナット |
| 持ち手付け紐② | 50㎝×4本 | 〈W〉ウォールナット |

★持ち手(横20.5㎝・高さ12㎝)　1セット

12㎝
20.5㎝

## 必要な長さ

| | |
|---|---|
| 〈W〉ウォールナット | 21m29㎝ |
| 〈W〉白木 | 4m |
| 〈M〉白木 | 16m92㎝ |
| 〈M〉ウォールナット | 7m |

## 完成サイズ

12㎝
24.5㎝
9㎝
33㎝

## 作り方

＊＝わかりやすいように紐の色を変えて説明しています。

**①** 縦紐　中心　横紐
縦紐の上に横紐を重ねて十字に組み、中心を合わせる。＊

**②**
横紐を上側と下側へ1本ずつ、縦紐に対して交互に並べる。

**③** 約9㎝　約33㎝
縦紐を右側と左側へ5本ずつ、編み目が交互に出るように差し込む。中心に向かってしっかりと隙間を詰め、形を整える。

**④**
P15⑤～P16⑩を参照し、底にマスキングテープを貼って紐を立ち上げ、編み紐①で1段編む。角は1段目のみ折り目を付ける。

**⑤** 約24.5㎝　②①②①②①②①
隙間を詰めながら、編み目が交互に出るように編み紐①②で計8段編み、高さを揃えて形を整える。

**❻**

P16「縁の始末の仕方」を参照し、縁紐を使って縁の始末をする。

**❼**

P17「重ね紐の通し方」を参照し、重ね紐①を最下段に通す。重ね紐の位置は編み紐の中央に合わせる。＊

**❽**

重ね紐②を重ね紐①の上に中央を合わせて通す。

**❾**

下から2段目に重ね紐③④を❼・❽と同様に通す。色を揃えて計7段通す。

**❿**

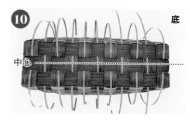

底に向きを変える。飾り紐①11本の中心を合わせ、縦方向へ交互に差し込む。

**⓫**

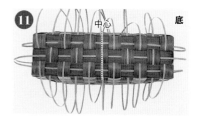

飾り紐②3本の中心を合わせ、横方向へ交互に差し込む。

**⓬**

本体の向きを元に戻す。

**⓭**

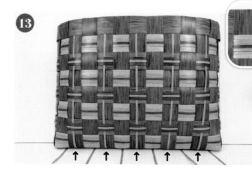

最下段の縦紐が編み紐の上に出ている位置の飾り紐を、上方向へ重ね紐③の下に通す。上端は余分をカットして最上段の下に差し込む。背面と側面も同様にする。

**⓮**

⓭の隣の飾り紐を同様に重ね紐①の下に通し、上端は上から2段目の編み紐の下に折って差し込み、余分をカットする。＊

**⓯**

残りすべての飾り紐を⓮と同様に通す。

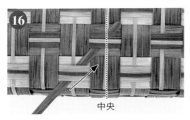

**16** 飾り紐③を最下段の重ね紐①③の下に差し込み、右上がりに通していく。＊

**17** 一番上の重ね紐の下まで通し、上端は最上段の編み紐の下に差し込む。

**18** 下端は余分をカットし、底に差し込む。

**19** 飾り紐③を右隣に同様に通す。

**20** 1周（計14本）通す。角2か所の下端は、側面の縦紐の下に差し込む。＊

**21** 飾り紐③を右上がりにすべて通したところ。

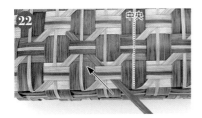

**22** 飾り紐③を最下段の重ね紐①③の下に差し込み、左上がりに通していく。＊

**23** 一番上の重ね紐の下まで通し、上端は最上段の編み紐の下に差し込む。下端は余分をカットし、底に差し込む。

**24** 1周（計14本）通す。角2か所の下端は、側面の縦紐の下に差し込む。＊

**25** 飾り紐③を左上がりにすべて通したところ。

**26** 飾り紐④を飾り紐③の下へ右上がりに通す。＊

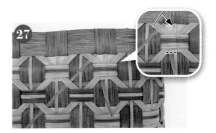

**27** 上端は上から2段目の編み紐に折って差し込み、余分をカットする。飾り紐④を半分通したところ。

**28** 1周（計14本）同様に通す。

**29** 飾り紐④の残り半分を、飾り紐①に掛ける。飾り紐①の位置が縦紐の中央からずれないように、抑えながら引き締める。＊

**30** 左上に折り、飾り紐③の下へ左上がりに通していく。

**31** 上端は上から2段目の編み紐に折って差し込み、余分をカットする。

**32** 残りの飾り紐④を左上がりにすべて通す。

側面

**33** 内側 角 3 2 1
持ち手付け紐①を正面端から3本目の内側の縁に差し込む。＊

**34** 内側 中心
中心を揃えて背面まで通す。反対側も同様に持ち手付け紐①を通す。

**35** 内側
❷の持ち手付け紐を持ち手に通し、同じ箇所に差し込む。

**36** 内側
反対側も同様に差し込み、引き締める。

**37** 内側
ひねって縦紐の下に左から差し込む。

**38** 内側
引き締める。ひねって編み紐の下に上から差し込む。

**39** 内側
引き締める。ひねって左隣の縦紐の下に差し込む。

**40** 内側
引き締める。ひねって下段の編み紐の下に差し込む。

**41** 内側
引き締める。下段に差し込み、余分をカットする。

**42** 内側
反対側は❸～❹と対称に持ち手付け紐を差し込む。

**43** 内側 中央
持ち手付け紐②を中央の右隣の上から5段目まで差し込む。＊

**44** 内側
反対側を重ねて差し込む。左隣も同様に差し込み、余分をカットする。背面も❸～❹と同様にして持ち手を付ける。

*Finish!*

完成！

スクエアだから本や雑誌がきれいに入る

# モダン菱模様バッグ

◆上
黒
大理石〈B〉
白
〈M〉ウォールナット

◆レシピ
メタリックブルー
大理石〈A〉
クッキー
〈M〉ウッドグレー

◆P9
ミルクココア
大理石〈B〉
シルクリボンシリーズ〈23〉
〈M〉白木

| | | | |
|---|---|---|---|
| 横紐 | 95㎝×5本 | ……… | メタリックブルー |
| 縦紐 | 80㎝×17本 | ……… | メタリックブルー |
| 編み紐 | 75㎝×17本 | ……… | メタリックブルー |
| 縁紐 | 75㎝×2本 | ……… | メタリックブルー |
| 重ね紐① | 75㎝×2本 | ……… | 大理石〈A〉 |
| 重ね紐② | 75㎝×16本(1/4幅) | ……… | クッキー |
| 飾り紐① | 30㎝×12本 | ……… | 〈M〉ウッドグレー |
| 飾り紐② | 30㎝×10本 | ……… | 大理石〈A〉 |
| 飾り紐③ | 83㎝×22本(1/4幅) | ……… | クッキー |
| 持ち手付け紐 | 50㎝×4本 | ……… | メタリックブルー |

★持ち手(横16㎝・高さ11㎝) 1セット

**必要な長さ**

| | | |
|---|---|---|
| メタリックブルー | ……… | 34m60㎝ |
| 大理石〈A〉 | ……… | 4m50㎝ |
| クッキー | ……… | 7m98㎝ |
| 〈M〉ウッドグレー | ……… | 3m60㎝ |

**完成サイズ**

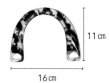

**作り方** ＊＝わかりやすいように紐の色を変えて説明しています。

❶
縦紐／中心／横紐

横紐の上に縦紐を重ねて十字に組み、中心を合わせる。
＊

❷

横紐を上側と下側へ2本ずつ、縦紐に対して交互に並べる。

❸
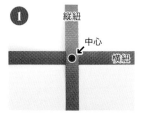
約8㎝／約26.5㎝

縦紐を右側と左側へ8本ずつ、編み目が交互に出るように差し込む。中心に向かってしっかりと隙間を詰め、形を整える。

❹
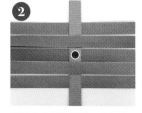

P15❺～P16❿を参照し、底にマスキングテープを貼って紐を立ち上げ、編み紐で1段編む。＊

❺
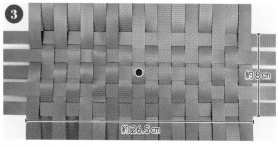
約27㎝

隙間を詰めながら、編み目が交互に出るように編み紐で計17段編み、高さを揃えて形を整える。角は全段折り目を付ける。

❻

P16「縁の始末の仕方」を参照し、縁紐を使って縁の始末をする。

❼

重ね紐①の先端を通しやすいようにカットし、最下段に交互に通す。

❽

1周通し、先端が編み目の内側に隠れるように余分をカットして差し込み、始末する。最上段も同様に重ね紐①を通す。

❾

P17「重ね紐の通し方」を参照し、重ね紐②を最上段以外のすべての段に通す。重ね紐の位置は編み紐の中央に合わせる。

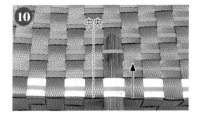

飾り紐①を中央右隣に下から差し込む。最下段のみ編み紐の下を通し、重ね紐②の下を上方向に交互に通していく。

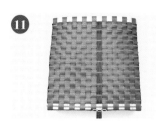

最上段まで通し、上端は最上段の編み紐の下に差し込む。下端の余分をカットする。

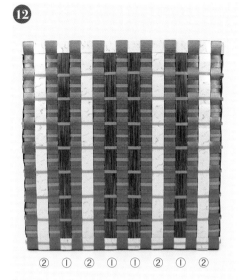

② ① ② ① ① ① ② ①

写真のような配色で飾り紐①②を通す。背面も同様にする。

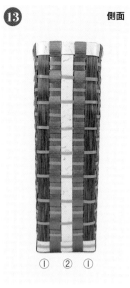

側面

① ② ①

側面も飾り紐①②を通す。反対側も同様の配色にする。

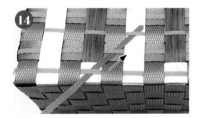

飾り紐③を最下段の重ね紐②の下に差し込み、右上がりに通していく。＊

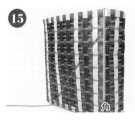

一番上の重ね紐②の下まで通し、上端は最上段の編み紐の下に差し込む。飾り紐③を半分通したところ。

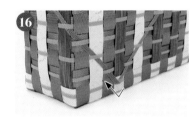

飾り紐③の残り半分を左上に折り、重ね紐②の下へ左上がりに通していく。

背面

一番上の重ね紐①の下まで通し、上端は最上段の編み紐の下に差し込む。

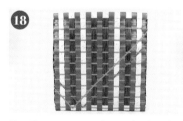

⑭～⑰の要領で、2本目の飾り紐を右隣に通す。＊

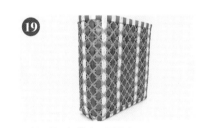

同様に飾り紐③を1周通す。

持ち手付け紐を半分に折り、持ち手に掛ける。＊

内側

5 4 3 2 1

角

P18「既製の持ち手の付け方」を参照し、端から5本目の位置に⑳を差し込み、持ち手を付ける。反対側、背面も同様に持ち手を付ける。

Finish!

完成！

デザイン／村越佳奈子（結〜yui〜）

キッチンツールや食材がすっきり収まる

# 菱模様のクロス持ち手バスケット

| ◆ 上 | ◆ レシピ | ◆ P4 |
|---|---|---|
| ミルクココア | クッキー | 白 |
| 〈W〉白木 | 〈W〉ウォールナット | 〈W〉ウッドグレー |
| 〈M〉白木 | 〈M〉ウォールナット | 〈M〉ウッドグレー |

| 縦紐 | 65 cm × 15本 | クッキー |
|---|---|---|
| 横紐 | 71 cm × 13本 | クッキー |
| 編み紐① | 95 cm × 2本 | 〈W〉ウォールナット |
| 編み紐② | 95 cm × 5本 | クッキー |
| 縁紐 | 95 cm × 2本 | 〈W〉ウォールナット |
| 重ね紐 | 95 cm × 5本(1/2幅) | 〈M〉ウォールナット |
| 飾り紐 | 20 cm × 24本(1/4幅) | 〈M〉ウォールナット |
| 持ち手紐 | 120 cm × 8本(1/2幅) | クッキー |

★ビニールチューブ(内径10mm)〈M's Factory販売商品〉 40 cm × 2本

| 必要な長さ |

| クッキー | 28m 53 cm |
|---|---|
| 〈W〉ウォールナット | 3m 80 cm |
| 〈M〉ウォールナット | 4m 5 cm |

| 完成サイズ |

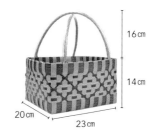

16 cm
14 cm
20 cm
23 cm

| 作り方 | ＊＝わかりやすいように紐の色を変えて説明しています。

**①**

縦紐

中心

横紐

縦紐の上に横紐を重ねて十字に組み、中心を合わせる。＊

**②**

横紐を上側と下側へ6本ずつ、縦紐に対して交互に並べる。

**③**

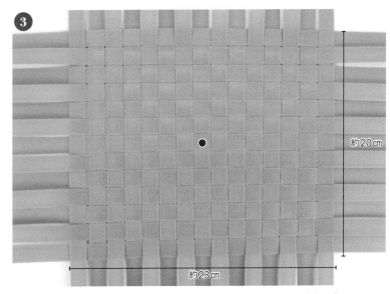

約20cm

約23cm

縦紐を右側と左側へ7本ずつ、編み目が交互に出るように差し込む。中心に向かってしっかりと隙間を詰め、形を整える。

**④**

P15 ❺〜P16 ❿を参照し、底にマスキングテープを貼って紐を立ち上げ、編み紐①で1段編む。

**⑤**

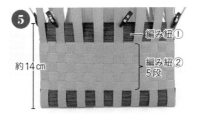

約14 cm

編み紐①

編み紐②
5段

隙間を詰めながら、編み紐①②で写真のように計7段編む。高さを揃え、形を整える。角は全段折り目を付ける。

**⑥**

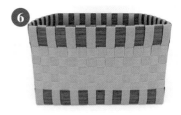

P16「縁の始末の仕方」を参照し、縁紐を使って縁の始末をする。

55

P17「重ね紐の通し方」を参照し、重ね紐を2～6段目に通す。重ね紐の位置は編み紐の中央に合わせる。

中央

P17「飾り紐の通し方」を参照し、飾り紐を中央の最下段から右上がりに重ね紐の下に通し、最上段の下に差し込む。＊

中央

6本左　4本右

写真の位置に飾り紐2本を同様に通す。背面も同じ位置に飾り紐3本を通す。＊

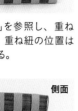
中央　側面

左右の側面も写真の位置に飾り紐3本を通す。＊

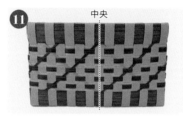
中央

飾り紐3本を左上がりに通す。＊

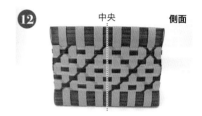
中央　側面

側面も飾り紐3本を通す。反対側も同様の位置に通す。＊

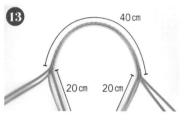
40cm
20cm　20cm

P21「4本丸編みの持ち手の作り方」を参照し、持ち手紐とビニールチューブで40cmの持ち手を2本編む。

内側　角
3 2 1

持ち手紐を左右2本ずつに分け、正面端から3本目の内側の縁に差し込む。＊

内側

右の2本をひねって右下に差し込む。

内側

引き締める。

角　内側

⑮・⑯を2回繰り返し、更に下段に差し込んで余分をカットする。

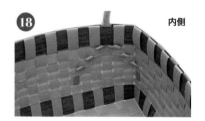
内側

左の2本を右とは対称に差し込み、余分をカットする。

持ち手の反対側は対角の位置に⑭～⑱と同様にして付ける。

対称の位置に2本目の持ち手を付け、1本目と交差させる。＊

Finish!

完成！

キュートな柄でデスク周りが明るくなる

# ハート模様のかご

| ◆上 | ◆レシピ | ◆P6（左） | ◆P6（右） |
|---|---|---|---|
| ピンク | 赤 | 青紫 | 黒 |
| 白 | クリーム | 白 | メタリックピンク |
| 赤 | 白 | 黄色 | 白 |

| 底紐 | 80cm×20本 | 赤 |
| --- | --- | --- |
| 縁紐 | 56cm×1本（1/2幅） | 赤 |
| ハート① | 8cm×10本 | クリーム |
| ハート② | 11cm×6本 | クリーム |
| ハート③ | 5cm×4本 | クリーム |
| ダイヤ① | 5cm×4本 | クリーム |
| ダイヤ② | 5cm×4本 | 白 |

必要な長さ

| 赤 | 16m56cm |
| --- | --- |
| クリーム | 1m86cm |
| 白 | 20cm |

完成サイズ

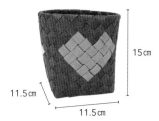

11.5cm　15cm　11.5cm

## 作り方 ※＝わかりやすいように紐の色を変えて説明しています。

**❶**

底紐4本を中心で井桁に組む。
※井桁＝4本の紐が互い違いに重なる状態。※

**❷**

←中心

底紐を上側と下側へ4本ずつ、縦方向の紐の間に交互に差し込む。

**❸**

約15.5cm　約15.5cm

底紐を右側と左側へ4本ずつ、編み目が交互に出るように差し込む。中心に向かってしっかりと隙間を詰め、正方形に整える。

**❹**

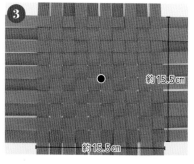

5本　5本　青線＝立ち上げ位置

立ち上げ位置の内側にマスキングテープを貼る。

**❺**

四隅をクリップで留める。立ち上げ位置に定規を当て、紐にしっかりと折り目を付けて立ち上げる。

**❻**

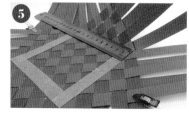

角の紐を写真のように交差させる。※

**❼**

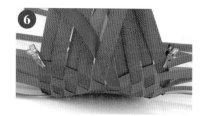

交差させた紐を上まで交互に編み、クリップで留める。

**❽**

右隣の紐を交互に編む。※

**❾**

繰り返し交互に編む。1つ目の角を編んだところ。

**⑩** 右隣の角を同様に編む。高さは7目の位置に揃える。

**⑪**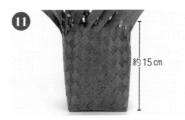

約15cm

残りの角も高さを合わせて編む。縁は右上がりの紐が外側になる。隙間を詰めて高さを揃え、形を整える。

**斜め立ち上げの縁の処理**

**⑫**

⑥

縁紐を6目の上に高さを合わせて1周巻き、クリップで留める。＊

**⑬**

右上がりの紐を縁紐に高さを合わせて外側に折り、下段に差し込む。＊

**⑭**

同様に2本目を差し込む。＊

**⑮**

1周繰り返し、余分をカットする。

**⑯**

左上がりの紐を外側に折り、下段に差し込む。＊

**⑰**

1周繰り返し、余分をカットする。

**⑱**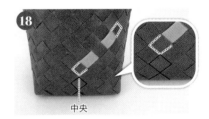

中央

写真の位置にハート①を右上がりに差し込む。

**⑲**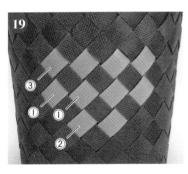

③
①　①
②

⑱の左側にハート②①①③の順で右上がりに差し込む。

**⑳**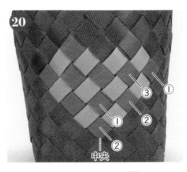

③　①
①
②
②
中央

ハート①～③を左上がりに差し込む。背面も⑱～⑳と同様に差し込む。＊

**㉑**

側面

中央

側面に、ダイヤ①2本を右上がりに差し込む。

**㉒**

側面

ダイヤ②2本を左上がりに差し込む。反対側の側面も㉑・㉒と同様に差し込む。

*Finish!*

完成！

持ち手がゆったりだから肩掛けにも

# 斜め立ち上げのおでかけバッグ

| ◆上 | ◆レシピ | ◆P8 |
|---|---|---|
| シルクリボンシリーズ〈18〉 | 黒 | シルクリボンシリーズ〈19〉 |
| シルクリボンシリーズ〈20〉 | 青 | シルクリボンシリーズ〈16〉 |
| シルクリボンシリーズ〈28〉 | グレー | シルクリボンシリーズ〈6〉 |

## 材料と寸法

| | | |
|---|---|---|
| 底紐① | 98cm×2本 | 黒 |
| 底紐② | 98cm×4本 | 青 |
| 底紐③ | 98cm×24本 | グレー |
| 縁紐 | 75cm×1本（1/2幅） | グレー |
| 付け紐 | 30cm×2本（1/4幅） | グレー |
| 持ち手紐 | 120cm×8本（1/2幅） | グレー |

★ボタン×1個
★カラーゴム×1本
★ビニールチューブ（内径10mm）〈M's Factory販売商品〉　38cm×2本

## 必要な長さ

| | |
|---|---|
| 黒 | 1m96cm |
| 青 | 3m92cm |
| グレー | 29m37cm |

## 完成サイズ

15cm
20cm
11cm
22cm

## 作り方　＊＝わかりやすいように紐の色を変えて説明しています。

**①**

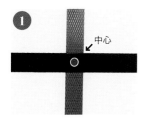

中心

底紐①2本を重ねて十字に組み、中心を合わせる。＊

**②**

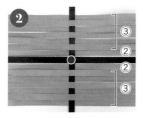

③②②③

底紐②1本と底紐③6本を上側と下側へ、縦方向の紐に対して交互に並べる。

**③**

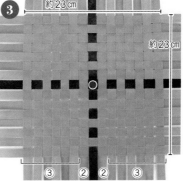

約23cm
約23cm
③　②②　③

底紐②を1本と底紐③6本を右側と左側へ、編み目が交互に出るように差し込む。中心に向かってしっかりと隙間を詰め、正方形に整える。

**④**

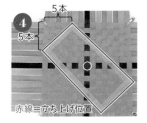

5本
5本
赤線＝立ち上げ位置

立ち上げ位置の内側にマスキングテープを貼り、四隅をクリップで留める。

**⑤**

立ち上げ位置に定規を当て、紐にしっかりと折り目を付けて立ち上げる。

**⑥**

角の紐を交差させて上まで交互に編み、クリップで留める。＊

**⑦**

繰り返し交互に編む。1つ目の角を編んだところ。

**⑧**

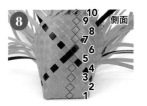

側面
10 9 8 7 6 5 4 3 2 1

角を同様に編む。高さは10目の位置に揃える。

**⑨**

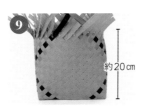

約20cm

残りの角も高さを合わせて編む。右上がりの紐が外側になる。隙間を詰めて高さを揃え、形を整える。

**⑩**

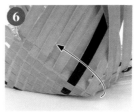

10

10目の半分の位置に高さを合わせ、マスキングテープを1周貼る。

**⑪**

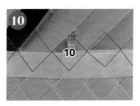

内側
縁紐

内側から見て右上がりの紐2本をマスキングテープの上側に高さを合わせて内側に折り、下段に差し込む。折った間に縁紐を差し込む。＊

61

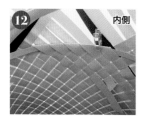

⑫ 内側

同様に高さを合わせて紐を縁紐の上に折り、下段に差し込んでいく。

⑬ 内側

1周繰り返す。縁紐の終わりは始めに重ねて差し込み、最後の紐を上から下段に差し込む。

⑭ 内側

余分をカットする。

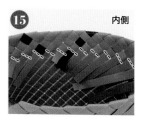

⑮ 内側

内側から見て左上がりの紐を内側に折って下段に差し込み、余分をカットする。

⑯

外側から見たところ。

側面

⑰

裏側
付け紐の中心

中央

付け紐をボタンに通し、中心を合わせる。付け紐の両端を重ね、正面外側の写真の位置から通す。＊

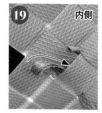

⑱ 内側

中央

引き締め、内側に向きを変える。ひねって左隣へ差し込む。

⑲ 内側

引き締め、ひねって右下に差し込む。

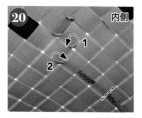

⑳ 内側

1
2

更にひねって2か所差し込む。終わりは下段に差し込み、余分をカットする。

㉑

付け紐をカラーゴムに通し、中心を合わせて、半分に折る。＊

㉒ 背面・内側

中央

㉑の付け紐の両端を重ね、背面内側の写真の位置から通す。

㉓ 背面・内側

ひねって右隣に差し込み、引き締める。

㉔ 背面・内側

ひねって左隣に差し込み、引き締める。更に下段へ差し込み、余分をカットする。

㉕

38cm
25cm  25cm

P21「4本丸編みの持ち手の作り方」を参照し、持ち手紐とビニールチューブで38cmの持ち手を2本編む。＊

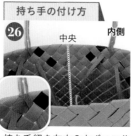

持ち手の付け方

㉖ 中央 内側

持ち手紐を左右2本ずつに分け、写真の位置に差し込む。

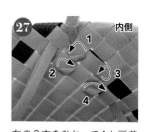

㉗ 内側

1
2
3
4

右の2本をひねって4か所差し込み、引き締める。

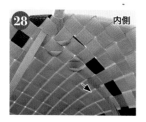

㉘ 内側

下段に差し込む。

㉙ 内側

1
2
3
4

左の2本をひねって4か所差し込み、引き締める。

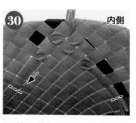

㉚ 内側

下段に差し込む。それぞれ余分をカットする。反対側と背面も同様に持ち手を付ける。

Finish!

完成！

デザイン/高橋きよみ

## ちょっとした小物の整理に

# 花模様のフリルかご

◆上
クリーム
ミルクココア

◆レシピ
クッキー
Gタイプ〈6〉

◆P4
Gタイプ〈1〉
わさび

| | | |
|---|---|---|
| **材料と寸法** | | |
| 底紐 | 90㎝×24本 | ……… クッキー |
| 縁紐 | 60㎝×1本（1/2幅） | ……… クッキー |
| 差し紐① | 32㎝×12本 | ……… Gタイプ〈6〉 |
| 差し紐② | 20㎝×12本 | ……… Gタイプ〈6〉 |
| 重ね紐 | 16㎝×24本（1/2幅） | ……… Gタイプ〈6〉 |
| 飾り紐① | 10㎝×12本（1/3幅） | ……… クッキー |
| 飾り紐② | 10㎝×12本（1/3幅） | ……… Gタイプ〈6〉 |
| 飾り紐③ | 60㎝×2本（1/3幅） | ……… Gタイプ〈6〉 |
| 飾り紐④ | 60㎝×1本（1/3幅） | ……… クッキー |

**必要な長さ**

| | |
|---|---|
| クッキー | ……… 23m 20㎝ |
| Gタイプ〈6〉 | ……… 9m 16㎝ |

**完成サイズ**

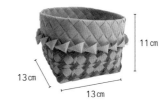

11㎝
13㎝
13㎝

**作り方**　※＝わかりやすいように紐の色を変えて説明しています。

**①**

底紐4本を中心で井桁に組む。
※井桁＝4本の紐が互い違いに重なる状態。※

**②**

●←中心

底紐を上側と下側へ5本ずつ、縦方向
の紐の間に交互に差し込む。

**③**

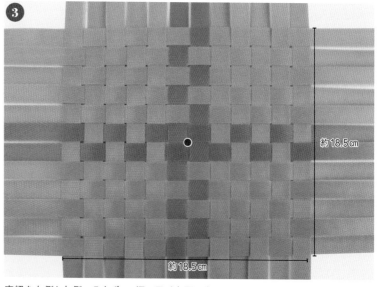

約18.5㎝

約18.5㎝

底紐を右側と左側へ5本ずつ、編み目が交互に出るように差し込む。中心に向かってしっ
かりと隙間を詰め、正方形に整える。

**④**

6本
6本
赤線＝立ち上げ位置

立ち上げ位置の内側にマスキングテープ
を貼り、四隅をクリップで留める。

**⑤**

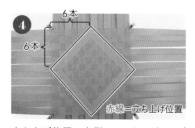

立ち上げ位置に定規を当て、紐にしっか
りと折り目を付けて立ち上げる。

**⑥**

角の紐を交差させて上まで交互に編み、
クリップで留める。※

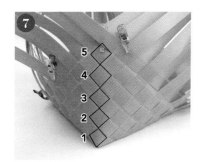

角を同様に編み、高さは5目の位置に揃える。1つ目の角を編んだところ。

残りの角も高さを合わせて編む。左上がりの紐が外側になる。隙間を詰めて高さを揃え、形を整える。

縁紐を5目に高さを合わせて1周巻き、クリップで留める。＊

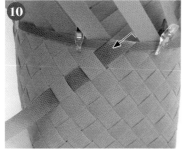

左上がりの紐を縁紐に高さを合わせて外側に折り、下段に差し込む。＊

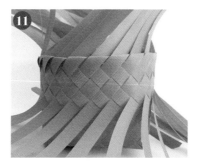

1周同様にする。

右上がりの紐を外側に折り、下段に差し込む。＊

1周同様にする。

右下がりに出ている紐を、ひねって右隣に下から差し込む。＊

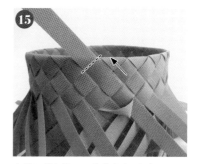

上段に差し込み、余分をカットする。

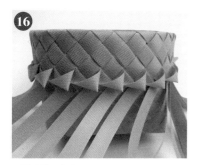

1周同様にする。

左下がりに出ている紐を根元から約1cm残してカットする。1周同様にする。

約1cm

中央

差し紐①を写真の位置から差し込んで右上がりに通し、⓱でカットした残りの1cmの上から1目上段まで通す。

65

⓲の右に差し紐①5本を同様に通す。

底

⓳の差し紐①を底に通し、左端で余分をカットする。

背面

背面に差し紐①6本を⓲・⓳と同様に通す。

底

⓴と同様に底へ通し、余分をカットする。

側面

側面に差し紐②6本を⓲・⓳と同様に通す。＊

底

写真の位置まで底に通し、余分をカットする。反対側も差し紐②6本を同様に通す。

中央

重ね紐を⓲の位置に通す。重ね紐の位置は差し紐の中央に合わせる。＊

㉕の右に重ね紐5本を同様に通し、余分をカットする。すべての面に重ね紐6本を同様に通す。

飾り紐①を重ね紐の下に上方向へ通す。

右隣に飾り紐②を差し込む。それぞれ余分をカットする。

㉗・㉘を1周繰り返す。

飾り紐③を重ね紐の下に横方向へ通していく。＊

1周通し、先端が編み目の内側に隠れるように余分をカットして差し込み、始末する。

飾り紐④
飾り紐③

下段に飾り紐④、最下段に飾り紐③を同様に通す。

Finish!

完成！

デザイン／高橋きよみ

かわいらしいデザインで気持ちが弾む

# 花模様のフリルバッグ

◆上
紫
Gタイプ〈1〉

◆レシピ
Gタイプ〈4〉
クリーム

◆表紙
Gタイプ〈7〉
クッキー

| 底紐 | 110cm×28本 | ……………… | Gタイプ〈4〉 |
|---|---|---|---|
| 縁紐 | 70cm×1本（1/2幅） | ……………… | Gタイプ〈4〉 |
| 差し紐① | 35cm×8本 | ……………… | クリーム |
| 差し紐② | 65cm×6本 | ……………… | クリーム |
| 差し紐③ | 30cm×8本 | ……………… | クリーム |
| 重ね紐① | 35cm×8本（1/2幅） | ……………… | クリーム |
| 重ね紐② | 65cm×6本（1/2幅） | ……………… | クリーム |
| 重ね紐③ | 30cm×8本（1/2幅） | ……………… | クリーム |
| 飾り紐① | 20cm×14本（1/3幅） | ……………… | Gタイプ〈4〉 |
| 飾り紐② | 20cm×14本（1/3幅） | ……………… | クリーム |
| 飾り紐③ | 70cm×4本（1/3幅） | ……………… | クリーム |
| 飾り紐④ | 70cm×3本（1/3幅） | ……………… | Gタイプ〈4〉 |
| 持ち手紐 | 95cm×8本（1/2幅） | ……………… | クリーム |

★ビニールチューブ（内径10mm）〈M's Factory販売商品〉　27cm×2本

必要な長さ

| Gタイプ〈4〉 | ……………… | 33m20cm |
|---|---|---|
| クリーム | ……………… | 19m85cm |

完成サイズ

10cm / 20cm / 10cm / 23cm

---

作り方　※＝わかりやすいように紐の色を変えて説明しています。

❶

底紐4本を中心で井桁に組む。
※井桁＝4本の紐が互い違いに重なる状態。＊

❷
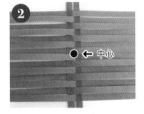
← 中心
底紐を上側と下側へ6本ずつ、縦方向の紐の間に交互に差し込む。

❸
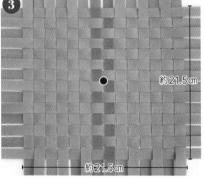
約21.5cm
約21.5cm
底紐を右側と左側へ6本ずつ、編み目が交互に出るように差し込む。中心に向かってしっかりと隙間を詰め、正方形に整える。

❹

4本
4本
赤線＝立ち上げ位置
立ち上げ位置の内側にマスキングテープを貼り、四隅をクリップで留める。

❺

立ち上げ位置に定規を当て、紐にしっかりと折り目を付けて立ち上げる。

❻

角の紐を交差させて上まで交互に編み、クリップで留める。＊

❼

繰り返し交互に編む。1つ目の角を編んだところ。

❽

側面
9 8 7 6 5 4 3 2 1
角を同様に編む。高さは9目の位置に揃える。

❾

約20cm
残りの角も高さを合わせて編む。左上がりの紐が外側になる。隙間を詰めて高さを揃え、形を整える。

❿

9
縁紐を9目の上側に高さを合わせて1周巻き、クリップで留める。＊

⓫

P65❿〜⓱を参照し、紐を下段に始末する。

⑫ P65⑱〜P66⑳を参考にして、差し紐①を左下から4本通す。背面も同様にする。

⑬ 右に差し紐②6本を通す。

底

⑭ ⑬を底に通す。

側面

約2cm

⑮ 背面から側面まで差し込み、2cmにカットする。

側面

⑯ カットした差し紐②を右上に差し込む。

側面

⑰ P66㉓を参照し、差し紐③を左下から4本差し込む。

側面・底

⑱ 写真の位置まで底に通し、余分をカットする。反対側も差し紐③4本を同様に通す。

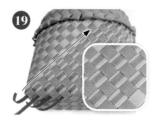

⑲ P66㉕・㉖を参考にして、重ね紐①を左下から4本通す。＊

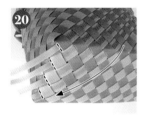

⑳ 底まで通し、余分をカットする。背面も同様に重ね紐①を通す。

㉑ 右に重ね紐②6本を通す。＊

背面

㉒ 底と背面まで通し、余分をカットして差し込む。

側面・底

㉓ 重ね紐③4本を⑰・⑱の上に通し、余分をカットする。反対側も同様に通す。＊

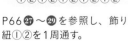

①②①②①②①②

㉔ P66㉗〜㉙を参照し、飾り紐①②を1周通す。

飾り紐③
飾り紐④
飾り紐③
飾り紐④
飾り紐③
飾り紐④
飾り紐③

㉕ P66㉚〜㉜を参照し、飾り紐③④を交互に7段通す。

27cm

25cm　25cm

㉖ P21「4本丸編みの持ち手の作り方」を参照し、持ち手紐とビニールチューブで27cmの持ち手を2本編む。

内側

中央

㉗ 持ち手紐を左右2本ずつに分け、写真の位置に差し込む。

内側

㉘ P62「持ち手の付け方」を参考にして、持ち手を付ける。

Finish!

完成！

69

デザイン参考/高橋きよみ

持ち手付きだからリネンや小物の持ち運びに

# レース風ワンハンドルバスケット

◆上
青紫
Gタイプ〈1〉

◆レシピ
ミルクココア
Gタイプ〈3〉

◆P7
緑
Gタイプ〈1〉

| | | |
|---|---|---|
| 底紐 | 78cm×36本 ……………………… | ミルクココア |
| 飾り紐 | 55cm×36本 ……………………… | Gタイプ〈3〉 |
| 持ち手紐 | 110cm×4本(1/2幅) …………… | Gタイプ〈3〉 |

★ビニールチューブ(内径10mm)〈M's Factory販売商品〉　32cm×1本

**必要な長さ**

| | |
|---|---|
| ミルクココア ………………………………… | 28m8cm |
| Gタイプ〈3〉 ………………………………… | 22m |

**完成サイズ**

11cm
11.5cm
15cm
24cm

**作り方**　＊＝わかりやすいように紐の色を変えて説明しています。

**1**

底紐4本を中心で井桁に組む。
※井桁＝4本の紐が互い違いに重なる状態。

**2**

底紐を上側と下側へ8本ずつ、縦方向の紐の間に交互に差し込む。＊

**3**

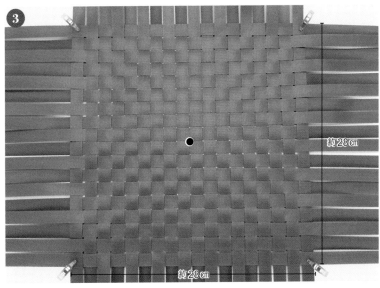

約28cm
約28cm

底紐を右側と左側へ8本ずつ、編み目が交互に出るように差し込む。中心に向かってしっかりと隙間を詰め、正方形に整える。四隅をクリップで留める。

**4**

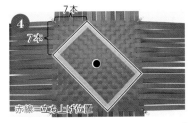

7本
7本
赤線＝立ち上げ位置

立ち上げ位置の内側にマスキングテープを貼る。

**5**

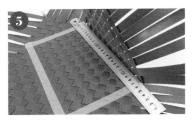

立ち上げ位置に定規を当て、紐にしっかりと折り目を付けて立ち上げる。

**6**

角の紐を交差させて上まで交互に編み、クリップで留める。＊

右隣の紐を交互に編む。

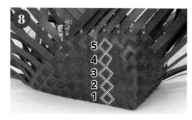

同様に編み、高さは5目の位置に揃える。1つ目の角を編んだところ。

残りの角も高さを合わせて編む。右上がりの紐が外側になる。隙間を詰めて高さを揃え、形を整える。

右上がりの紐を外側に折り、下段に差し込む。

同様に右上がりの紐をすべて差し込み、余分をカットする。

左上がりの紐を外側に折って下段に差し込み、余分をカットする。

写真の位置に飾り紐の中心を合わせて差し込む。

右側の紐を本体のマス目に合わせ、右下へ斜めに折る。

更に下へ折る。

左側の紐を右上へ斜めに折る。

右側の紐を左上へ斜めに折り、クリップで留める。

2本目の飾り紐を右隣に⑬と同様に中心を合わせて差し込む。

⑭〜⑰と同様に編む。

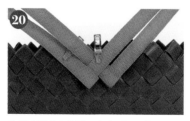

左側の紐を1本目の右上がりの紐の下に通し、クリップで留める。

1周繰り返す。

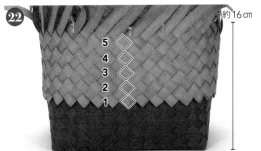

㉒ 約16cm

5
4
3
2
1

飾り紐同士で上へ交互に
編む。高さが5目になるま
で編み、右上がりの紐を外
側にする。隙間を詰めて形
を整える。

㉓ 右上がりの紐を⑩・⑪と同様に下段に差
し込み、余分をカットする。

㉔ 左上がりの紐を⑫と同様に下
段に差し込み、余分をカット
する。

㉕ 内側

2
1

飾り紐を写真の位置で内側
に折る。

㉖ 高さを揃えて形を整え、重し
などをしてしっかりと折り目を
付ける。

㉗ 32cm

30cm  30cm

P21「4本丸編みの持ち手の
作り方」を参照し、持ち手紐
とビニールチューブで32cmの
持ち手を編む。＊

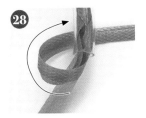

㉘ ビニールチューブから出てい
る持ち手紐を2束に分け、右
側の2本を左側2本の下に通
して輪を作る。

㉙ 右側2本を輪に通し、引き締
める。反対側も同様に結ぶ。

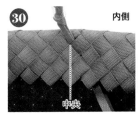

㉚ 内側

中央

㉙の持ち手を写真の位置に
差し込む。

㉛ 内側

中央

飾り紐をめくる。持ち手紐を
2束に分け、それぞれ右下へ
2段差し込む。

㉜ 内側

中央

飾り紐を元に戻し、持ち手紐
を引き締める。左側の束を左
上に折り、写真の位置に差し
込む。

㉝ 内側

ひねって左上の編み目に差し
込む。

㉞ 内側

引き締める。ひねって左上の
編み目に差し込む。

㉟ 内側

引き締める。ひねって左下の
編み目に差し込む。

㊱ 内側

引き締める。左下の編み目に
差し込み、余分をカットする。

㊲ 内側

右側の束を㉜の右隣に差し
込む。＊

㊳ 内側

㉝～㊱と同様に差し込み、
余分をカットする。背面も同
様に持ち手を付ける。

Finish!

完成！

73

デザイン／髙橋きよみ

大きめサイズのおでかけバッグ

# 斜めラインのフリルバッグ

◆上
Gタイプ〈1〉
シルクリボンシリーズ〈12〉
シルクリボンシリーズ〈13〉

◆レシピ
Gタイプ〈3〉
クリーム
ミルクココア

◆P9
黒
シルクリボンシリーズ〈11〉
シルクリボンシリーズ〈4〉

| 底紐 | 130cm×40本 | Gタイプ〈3〉 |
|---|---|---|
| 縁紐 | 100cm×1本（1/2幅） | Gタイプ〈3〉 |
| 差し紐① | 45cm×12本 | クリーム |
| 差し紐② | 80cm×6本 | クリーム |
| 差し紐③ | 80cm×2本 | ミルクココア |
| 差し紐④ | 35cm×8本 | クリーム |
| 差し紐⑤ | 35cm×4本 | ミルクココア |
| 持ち手紐① | 120cm×4本（1/2幅） | クリーム |
| 持ち手紐② | 120cm×4本（1/2幅） | ミルクココア |

★ビニールチューブ（内径10mm）〈M's Factory販売商品〉　38cm×2本

**必要な長さ**

| Gタイプ〈3〉 | 53m |
|---|---|
| クリーム | 15m40cm |
| ミルクココア | 5m40cm |

**完成サイズ**

14cm / 22cm / 13.5cm / 31cm

---

**作り方**　※＝わかりやすいように紐の色を変えて説明しています。

**①**

底紐4本を中心で井桁に組む。
※井桁＝4本の紐が互い違いに重なる状態。※

**②**

●←中心

底紐を上側と下側へ9本ずつ、縦方向の紐の間に交互に差し込む。

**③**

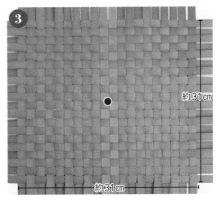

約31cm / 約31cm

底紐を右側と左側へ9本ずつ、編み目が交互に出るように差し込む。中心に向かってしっかりと隙間を詰め、正方形に整える。

**④**

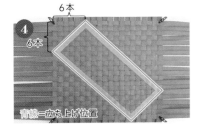

6本 / 6本
青線＝立ち上げ位置

立ち上げ位置の内側にマスキングテープを貼り、四隅をクリップで留める。

**⑤**

立ち上げ位置に定規を当て、紐にしっかりと折り目を付けて立ち上げる。

**⑥**

角の紐を交差させて上まで交互に編み、クリップで留める。※

**⑦**

繰り返し交互に編む。1つ目の角を編んだところ。

**⑧**

10 9 8 7 6 5 4 3 2 1 / 約22cm

すべての角を同様に編み、高さは10目の位置に揃える。

**9** 縁紐を10目の上側に高さを合わせて1周巻き、クリップで留める。＊

**10** P65⑩〜⑰を参照し、紐を下段に始末する。

底

**11** P65⑱〜P66⑳を参考にして、差し紐①を左下から6本通す。背面も同様にする。

**12** 右に差し紐②4本・差し紐③2本・差し紐②2本の順に通す。

側面

**13** P69⑭〜⑯を参考にして、側面まで差し込む。

側面・底

**14** P66㉓・㉔を参照し、左下から差し紐④1本・差し紐⑤2本・差し紐④3本の順に通し、余分をカットする。

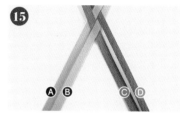

**15** P21⑮〜⑰を参照し、持ち手紐①②2本ずつをビニールチューブに通す。通した持ち手紐を写真のように組む。

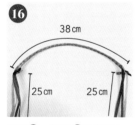

**16** P21⑲〜P22㉖を参照し、38cmの持ち手を2本編む。

内側

**17** 持ち手紐を左右同じ色に分け、写真の位置の内側の縁に差し込む。＊

内側

**18** P62「持ち手の付け方」を参考にして、持ち手を付ける。

*Finish!*

完成！

---

## 𝒫oint

### 持ち手の柄いろいろ

持ち手部分の4本丸編みを2色で編む際、紐の並べ方で柄の見え方が変わります。
お好みの柄を選んでアレンジをお楽しみください。

| パターン A | パターン B | パターン C |
|---|---|---|
| 並べ方 | 並べ方 | 並べ方 |

デザイン/市江克子

高さがあるからかさばるものも入れられる

# 斜めあじろの大きめバッグ

◆上
黒
クリーム

◆レシピ
メタリックピンク
クッキー

◆P4
メタリックブルー
グレー

| 底紐 | 150cm×40本 | ……………… | メタリックピンク |
| 縁紐 | 98cm×1本（1/2幅） | ……………… | メタリックピンク |
| 持ち手紐 | 100cm×12本（1/2幅） | ……………… | クッキー |

必要な長さ

| メタリックピンク | ……………… | 60m98cm |
| クッキー | ……………… | 6m |

完成サイズ

14cm
32cm
15.5cm
29.5cm

作り方　＊＝わかりやすいように紐の色を変えて説明しています。

❶ 底紐4本を中心で井桁に組む。
※井桁＝4本の紐が互い違いに重なる状態。＊

← 中心

❷ 底紐を上側と下側へ9本ずつ、縦方向の紐の間に写真のように差し込む。上下端2本が変則。

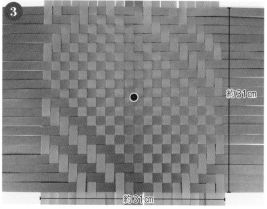

❸ 約31cm 約31cm

底紐を右側と左側へ9本ずつ、写真のように差し込む。中心に向かってしっかりと隙間を詰め、正方形に整える。＊

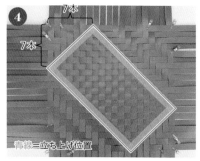

❹ 7本 7本
青線＝立ち上げ位置

立ち上げ位置の内側にマスキングテープを貼り、四隅をクリップで留める。

❺ 立ち上げ位置に定規を当て、紐にしっかりと折り目を付けて立ち上げる。

❻ 4 3 2 1

角の紐を交差させて2本飛ばしに4回編み、クリップで留める。右隣の紐を1本ずらして2本飛ばしに同じ高さまで編む。＊

❼ 4 3 2 1

右方向の紐を同様に編む。1つ目の角を編んだところ。

高さを揃えて1周編む。

角の紐を2本飛ばしに2回編む。＊

右隣の紐を4本飛ばしに1回編む。＊

❾・❿を1周繰り返す。

色を変えている箇所を、2本飛ばしで3回編み、1周する。＊

色を変えている箇所を、❾〜⓫と同様に編む。＊

約32cm

側面

色を変えている箇所を、2本飛ばしで4回編み、1周する。＊

縁紐を⓮の編み目に高さを合わせて1周巻き、クリップで留める。＊

15

16

左上がりの紐を縁紐に高さを合わせて外側に折り、下段に差し込む。＊

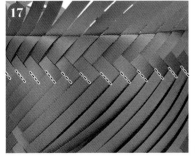

1周繰り返し、余分をカットする。

右上がりの紐を縁紐に高さを合わせて外側に折り、下段に差し込む。＊

⑲ 中央

1周繰り返し、余分をカットする。

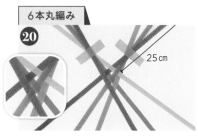

⑳ 25cm

持ち手紐6本を左右3本ずつに分けて から約25cmの位置で写真のように組む。 少し上をマスキングテープで留める。＊

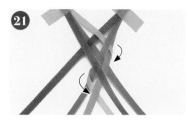

㉑

右端の紐（●）を後ろからまわして左側3 本の間に交互に通し、右側2本（●●） に揃える。

㉒

左端の紐（●）を後ろからまわして右側3 本の間に交互に通し、左側2本（●●） に揃える。

㉓

㉑と同様に右端の紐（●）を後ろからまわ して左側3本の間に交互に通し、右側2 本（●●）に揃える。

㉔

㉒と同様に左端の紐（●）を後ろからまわ して右側3本の間に交互に通し、左側2 本（●●）に揃える。

㉕

しっかりと隙間を詰めるように引きしめな がら筒状に形を整え、㉑〜㉔の要領で 繰り返し編む。

㉖ 35cm

繰り返し35cm編む。計2本作る。

㉗ 内側
中央

持ち手紐を左右3本ずつに分け、写真の 位置の内側の縁に差し込む。

㉘ 内側

右の3本をひねって右下に差し込み、引 き締める。

㉙ 内側

もう1度同じ箇所に差し込み、下段に2 目差し込む。

㉚ 内側

左の3本をひねって左下に差し込み、引 き締める。

㉛ 内側

もう1度同じ箇所に差し込み、下段に2 目差し込む。それぞれ余分をカットする。

㉜ 内側
中央

反対側と背面も同様に持ち手を付ける。

Finish!

完成！

80

デザイン/村越佳奈子(結〜yui〜)

ステンレスボトルやペットボトルを入れられる

# ボトルホルダー

| ◆上 | ◆レシピ | ◆P1 |
|---|---|---|
| 〈M〉ウッドグレー | 〈M〉ウォールナット | 〈M〉白木 |

## 材料と寸法

| | | |
|---|---|---|
| 底紐 | 93cm×12本 | 〈M〉ウォールナット |
| 縁紐 | 33cm×1本(1/2幅) | 〈M〉ウォールナット |
| 持ち手付け紐 | 40cm×2本 | 〈M〉ウォールナット |

★持ち手(長さ30cm・Dカン付き) 1セット

※両面テープをご用意ください。

## 必要な長さ

〈M〉ウォールナット ……… 12m29cm

## 完成サイズ

18cm
7cm 7cm

## 作り方

※＝わかりやすいように紐の色を変えて説明しています。

**❶**

底紐4本を中心で井桁に組む。
※井桁＝4本の紐が互い違いに重なる状態。※

**❷**

○←中心

底紐を上側と下側へ2本ずつ、縦方向の紐の間に交互に差し込む。

**❸**

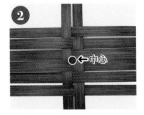

約9.5cm
約9.5cm

底紐を右側と左側へ2本ずつ、編み目が交互に出るように差し込む。中心に向かってしっかりと隙間を詰め、正方形に整える。

**❹**

3本
3本
赤線＝立ち上げ位置

立ち上げ位置の内側にマスキングテープを貼る。四隅を両面テープで固定しクリップで留める。

**❺**

立ち上げ位置に定規を当て、紐にしっかりと折り目を付けて立ち上げる。

**❻**

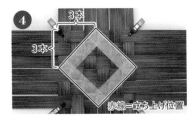

角の紐を交差させて上まで交互に編み、クリップで留める。※

**❼**

繰り返し交互に編む。1つ目の角を編んだところ。

**❽**

8
7
6
5
4
3
2
1

角を同様に編む。高さは8目の位置に揃える。

**❾**

2cm

縁紐の端に両面テープを貼る。

⑩

⑨の両面テープを8目の上側に高さを合わせて貼る。一周巻き、クリップで留める。

⑪

右上がりの紐を縁紐に合わせて外側に曲げて、下段に差し込む。折り目は付けない。＊

⑫

1周繰り返す。

⑬

左上がりの紐を縁紐に合わせて外側に曲げて、下段に差し込む。折り目は付けない。＊

⑭

1周繰り返す。紐を引き締め、縁をしっかりと折り、形を整える。

⑮

左下がりの紐をひねって右隣に差し込む。＊

⑯

引き締める。

⑰

1周繰り返し、すべての紐の余分をカットする。

⑱

カットしたところ。

⑲

Dカンの穴に合わせて持ち手付け紐の幅をカットする。＊

⑳

持ち手付け紐を通し、Dカンの穴に中心を合わせて半分に折る。2つ作る。

㉑

⑳を2本一緒に内側の縁へ差し込む。

㉒

上側の紐をめくり、下側の紐を左下に2段差し込む。

㉓

上側の紐をひねって裏側に差し込む。

㉔

引き締める。ひねって左下に差し込む。

㉕

引き締める。左下に差し込み、余分をカットする。

㉖

対称の位置に㉑〜㉕と同様にしてDカンを付け、持ち手を付ける。

Finish!

完成！

衣類や雑貨をたくさん詰め込める

# ランドリーバスケット

◆ 上
グレー
シルクリボンシリーズ〈9〉
黒

◆ レシピ
緑
白
クリアグリーン

◆ P2
白
メタリックブルー
クリアブルー

| 材料と寸法 | | | |
|---|---|---|---|
| 底紐 | 152cm × 48本 | ⋯⋯⋯⋯⋯⋯⋯⋯⋯⋯⋯⋯ | 緑 |
| 縁紐 | 120cm × 1本（1/2幅） | ⋯⋯⋯⋯⋯⋯⋯⋯ | 緑 |
| 重ね紐 | 135cm × 48本（1/2幅） | ⋯⋯⋯⋯⋯⋯⋯ | 緑 |
| 飾り紐① | 40cm × 24本（1/3幅） | ⋯⋯⋯⋯⋯⋯⋯ | 白 |
| 飾り紐② | 40cm × 24本（1/3幅） | ⋯⋯⋯⋯⋯ | クリアグリーン |
| 飾り紐③ | 120cm × 7本（1/3幅） | ⋯⋯⋯⋯⋯⋯⋯ | 白 |
| 飾り紐④ | 120cm × 7本（1/3幅） | ⋯⋯⋯⋯⋯ | クリアグリーン |
| 持ち手紐 | 110cm × 8本（1/2幅） | ⋯⋯⋯⋯⋯⋯⋯ | 緑 |

★ビニールチューブ（内径10mm）〈M's Factory販売商品〉　32cm × 2本

**完成サイズ**

12cm / 32cm / 26cm / 26cm

**作り方**　＊＝わかりやすいように紐の色を変えて説明しています。

**❶**

底紐4本を中心で井桁に組む。
※井桁＝4本の紐が互い違いに重なる状態。＊

**❷**

●←中心

底紐を上側と下側へ11本ずつ、縦方向の紐の間に交互に差し込む。

**❸**

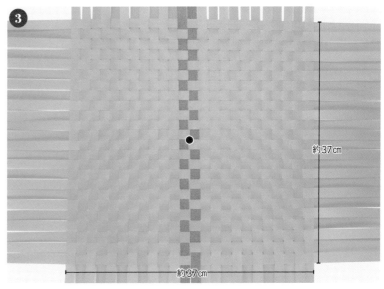

約37cm

約37cm

底紐を右側と左側へ11本ずつ、編み目が交互に出るように差し込む。隙間が均等になるよう詰め、正方形に整える。

**❹**

12本
12本
赤線＝立ち上げ位置

立ち上げ位置の内側にマスキングテープを貼り、四隅をクリップで留める。

**❺**

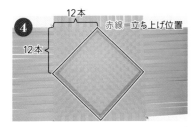

立ち上げ位置に定規を当て、紐にしっかりと折り目を付けて立ち上げる。

**❻**

角の紐を交差させて上まで交互に編み、クリップで留める。＊

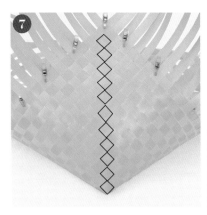

繰り返し交互に
編む。1つ目の
角を編んだところ。
角の目が垂直に
立ち上がるよう成
形する。

15
14
13
12
11
10
9
8
7
6
5
4
3
2
1

角を同様に編む。
高さは15目の位
置に揃える。

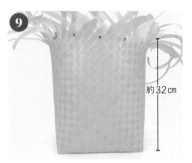

約32cm

残りの角も高さを合わせて編む。右上が
りの紐が外側になる。隙間を詰めて高さ
を揃え、形を整える。

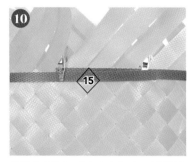

15

縁紐を15目に高さを合わせて1周巻き、
クリップで留める。＊

P59「斜め立ち上げの縁の処理」を参照
し、底紐を下段に差し込む。

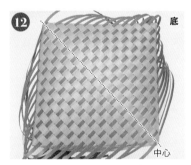

底

中心

底に向きを変える。重ね紐を左下から右
上がりに通し、中心を合わせる。24本
同様に通す。＊

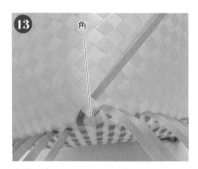

角

本体の向きを元に戻す。重ね紐を立ち上
げ、右上がりに通す。

縁まで通し、余分をカットする。

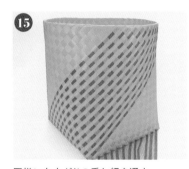

同様に右上がりの重ね紐を通す。

重ね紐を左上がりに通す。縁まで通し、
余分をカットする。

同様に左上がりの重ね紐を通す。

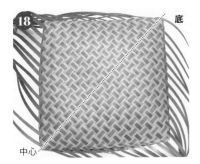

**18** 底

中心

底に向きを変える。重ね紐を右下から左上がりに通し、中心を合わせる。24本同様に通す。＊

**19**

本体の向きを元に戻す。⑬～⑰と同様に重ね紐を通す。

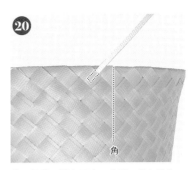

**20** 角

飾り紐①の端を写真の位置に差し込む。

**21**

下に折り、右上がりの重ね紐の下に通す。

**22** 底

底まで通し、余分をカットする。

**23**

左隣に飾り紐②を⑳～㉒と同様に通す。＊

**24**

⑳～㉓を1周繰り返す。

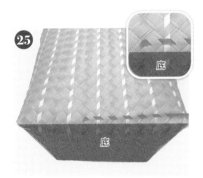

**25** 底

飾り紐③を横向きに左上がりの重ね紐の下に通す。＊

**26** 底

1周通し、先端が編み目の内側に隠れるように余分をカットして差し込み、始末する。

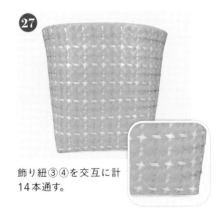

**27**

飾り紐③④を交互に計14本通す。

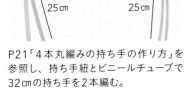

**28** 32cm

25cm　25cm

P21「4本丸編みの持ち手の作り方」を参照し、持ち手紐とビニールチューブで32cmの持ち手を2本編む。

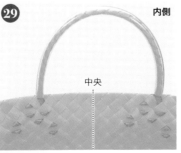

**29** 内側

中央

P62「持ち手の付け方」を参照し、持ち手を付ける。＊

*Finish!*

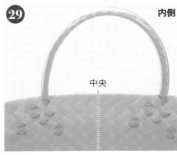

完成！

小物の整理にちょうどいいサイズ感

# 六つ目編みのかご
# 星模様のかご

星模様のかご

六つ目編みの
かご

---

**六つ目編みのかご**

◆上・レシピ      ◆P2
緑      Gタイプ〈3〉

---

**星模様のかご**

◆上      ◆レシピ      ◆P2
シルクリボンシリーズ〈14〉      ミルクココア      シルクリボンシリーズ〈9〉
シルクリボンシリーズ〈12〉      クッキー      シルクリボンシリーズ〈15〉

# 六つ目編みのかご

## 材料と寸法

| | | | |
|---|---|---|---|
| 底紐 | 55cm×12本(1/2幅) | ・・・・・・・・・・・・・・・・・・ | 緑 |
| 編み紐 | 45cm×3本(1/2幅) | ・・・・・・・・・・・・・・・・・・ | 緑 |
| 縁紐 | 45cm×3本 | ・・・・・・・・・・・・・・・・・・ | 緑 |

※両面テープをご用意ください。

## 必要な長さ

緑 ・・・・・・・・・・・・・・・・・・・・・・・・・・・・・・・・・・・ 5m55cm

## 完成サイズ

9.5cm
12cm　12cm

## 作り方　＊＝わかりやすいように紐の色を変えて説明しています。

① 
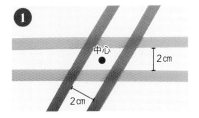

底紐2本を横向きに並べ、中心を合わせて更に2本を斜めに重ねる。紐の間隔はすべて2cmにする。＊

② 
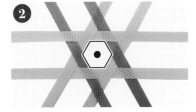

底紐2本を互い違いになるように斜めに差し込み、穴を正六角形に整える。1つ目の六つ目を組んだところ。＊

③ 
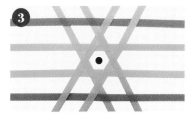

底紐を上下に1本ずつ差し込む。＊

④ 
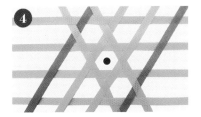

底紐を左右に1本ずつ右上がりに差し込む。＊

⑤ 
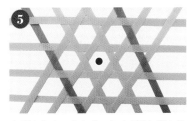

底紐を左右に1本ずつ左上がりに差し込み、穴を正六角形に整える。＊

⑥ 
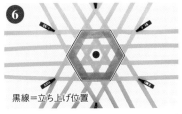

黒線＝立ち上げ位置

立ち上げ位置の内側にマスキングテープを貼り、底紐の交差する箇所をクリップで留める。

⑦ 
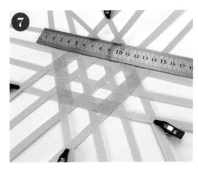

マスキングテープの外側に定規を当て、紐にしっかりと折り目を付けて立ち上げる。

⑧ 

底紐を、左上がりの紐(Ⓐ)を手前にして右上がりの紐(Ⓑ)と交差させ、クリップで留める。1周同様にする。

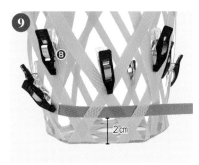

**9** 編み紐の先端を、底から2cmあけて**B**の裏にクリップで留め、底紐の間に交互に通す。＊

**10** 1周する。編み紐の編み終わりの余分をカットし、編み始めの後ろに入れる。

編み終わり
編み始め

**11** 紐端が隠れるように内側の編み紐の余分をカットし、両面テープで編み始めと編み終わりを留める。

両面テープ　内側

**12** 底紐を**8**と同様に左上がりの紐を手前にして交差させ、クリップを上に留め直す。

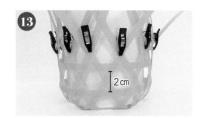

**13** 編み紐で**9**〜**10**と同様に1周編み、六つ目の穴を六角形に整える。1段目と2段目の周囲が揃うように調整する。

2cm

**14** 編み紐①で同様に3段目を編む。

約8cm

**15** 縁紐を最上段の上部に合わせて外側に1周巻き、マスキングテープで留める。＊

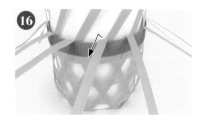

**16** 左上がりの底紐を外側に折る。

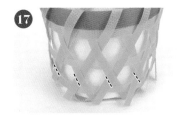

**17** 折った紐を下段に差し込み、余分をカットする。**15**のマスキングテープを剥がす。

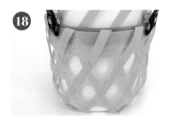

**18** 縁紐と右上がりの底紐の間に、2本目の縁紐を紐端が隠れるように差し込む。＊

**19** 右上がりの底紐を外側に折って下段に差し込み、余分をカットする。

**20** 残りの縁紐を外側へ交互に通す。＊

**21** 1周通し、紐端が隠れる位置で余分をカットする。

*Finish!*

完成！

# 星模様のかご

**材料と寸法**

| | | |
|---|---|---|
| 底紐 | 55cm×12本（1/2幅） | ······ ミルクココア |
| 編み紐 | 45cm×3本（1/2幅） | ······ ミルクココア |
| 縁紐 | 45cm×3本 | ······ ミルクココア |
| 飾り紐 | 45cm×18本（1/2幅） | ······ クッキー |
| 差し紐 | 45cm×6本（1/2幅） | ······ クッキー |
| 編み紐A | 45cm×5本（1/2幅） | ······ クッキー |

※ホチキスと両面テープをご用意ください。

**必要な長さ**

| | |
|---|---|
| ミルクココア | ······ 5m55cm |
| クッキー | ······ 6m75cm |

**完成サイズ**

9.5cm
12cm
12cm

---

**作り方** ＊＝わかりやすいように紐の色を変えて説明しています。

❶

P89❶〜P90⓯を参照し、底紐12本・編み紐3本・縁紐1本で本体を編む。

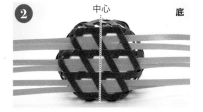

❷

飾り紐6本を中心を合わせて底紐の間に通す。

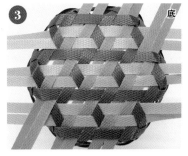

❸

飾り紐6本を右上がりに通す。＊

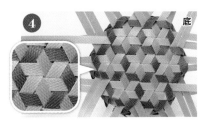

❹

飾り紐6本を左上がりに通す。＊

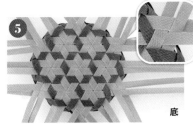

❺

辺から出ている飾り紐を井桁に組む。計6か所同様にする。

❻

角から出ている飾り紐を、右側の紐を上にして交差させ、クリップで留める。計6か所同様にする。

❼

差し紐を写真の位置に中心を合わせて通す。＊

❽

本体の向きを変え、2本目の差し紐を通す。＊

❾

同様に計6本差し紐を通す。＊

飾り紐を編み紐と底紐の間へ右上がりに通す。右側の紐は縁紐の内側に入れる。

角の差し紐を同様に通す。

飾り紐と差し紐を右上がりに1周通したところ。

飾り紐と差し紐を左上がりに通す。六角形の穴の中は、右上がりの紐と井桁に組む。右側の紐は縁紐の内側に入れる。

内側

底紐を飾り紐より内側に出す。

編み紐Aを写真の位置に通す。＊

1周し、余分をカットする。

上段に編み紐A4本を通す。
＊

編み紐Aを通したところ。

飾り紐と差し紐を縁に合わせてカットし、ホチキスで留める。

内側

底紐は避けて内側からもホチキスで留める。

縁紐と右上がりの底紐の間に、2本目の縁紐を紐端が隠れるように差し込む。＊

右上がりの底紐を外側に折って下段に差し込み、余分をカットする。

残りの縁紐を外側へ交互に通す。＊

1周通し、紐端が隠れる位置で余分をカットする。

Finish!

完成！

デザイン参考/高橋きよみ

## 美しい模様が部屋に彩りを添える

# 華編みのダストボックス

---

◆上
紫
STシルバー
メタリックピンク

◆レシピ
メタリックグリーン
ST緑
クッキー

◆P5
黒
STゴールド
白

| 底紐 | 100cm×12本 | ············· | メタリックグリーン |
|---|---|---|---|
| 底飾り紐① | 100cm×6本 | ············· | ST緑 |
| 底飾り紐② | 100cm×3本 | ············· | クッキー |
| 底飾り紐③ | 90cm×3本（1/3幅） | ············· | メタリックグリーン |
| 編み紐 | 90cm×6本 | ············· | メタリックグリーン |
| 飾り紐① | 90cm×3本 | ············· | クッキー |
| 飾り紐② | 90cm×3本 | ············· | ST緑 |
| 飾り紐③ | 140cm×6本（1/3幅） | ············· | メタリックグリーン |
| 差し紐① | 50cm×6本 | ············· | クッキー |
| 差し紐② | 90cm×3本（1/3幅） | ············· | メタリックグリーン |
| 縁紐 | 90cm×2本 | ············· | メタリックグリーン |
| 縁かがり紐 | 200cm×1本（1/4幅） | ············· | メタリックグリーン |

※ホチキスとポリプロピレン用の接着剤をご用意ください。

## 必要な長さ

| メタリックグリーン | ············· | 25m80cm |
|---|---|---|
| ST緑 | ············· | 8m70cm |
| クッキー | ············· | 8m70cm |

## 完成サイズ

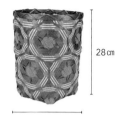

28cm

23cm

## 作り方　＊＝わかりやすいように紐の色を変えて説明しています。

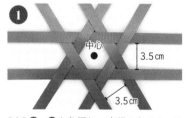

**①** 中心　3.5cm　3.5cm

P89❶・❷を参照し、底紐6本で1つ目の六つ目を組む。

**②** 底紐を上下に1本ずつ差し込む。＊

**③** 底紐を左右に1本ずつ右上がりに差し込む。＊

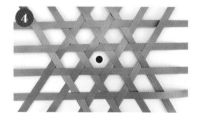

**④** 底紐を左右に1本ずつ左上がりに差し込み、穴を正六角形に整える。＊

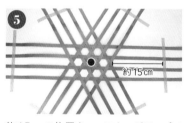

**⑤** 約15cm

約15cmの位置を、マスキングテープで留める。

**⑥** 底飾り紐①2本を横向きに置く。

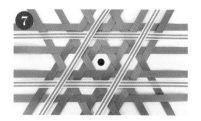

**⑦** 底飾り紐①2本を右上がりに置く。

**⑧** 底飾り紐①2本を左上がりに置く。

**⑨** 底飾り紐②を底紐の下と底飾り紐①の上へ横向きに通す。

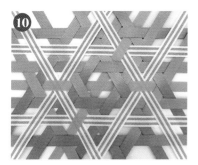

⓾ 底飾り紐②を底紐の下と底飾り紐①の上へ右上がりに通す。

⓫ 底飾り紐②を底紐の下と底飾り紐①の上へ左上がりに通す。

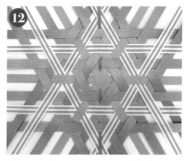

⓬ ❺で貼ったマスキングテープを剥がし、底飾り紐③を縦方向に差し込む。＊

⓭ 底飾り紐③を右上がりに差し込む。＊

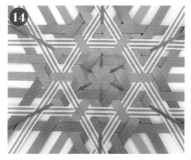

⓮ 底飾り紐③を左上がりに差し込む。底飾り紐①〜③を底紐と中心を合わせて長さを揃える。＊

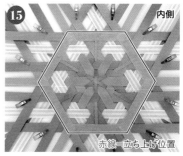

⓯ 底紐の交差する箇所をクリップで留め、裏返す。立ち上げ位置の内側にマスキングテープを貼る。この面が内側になる。

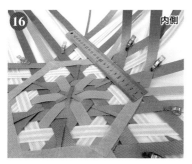

⓰ 立ち上げ位置に定規を当て、紐に折り目を付けてふんわりと立ち上げる。

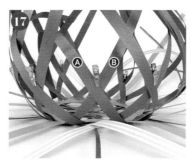

⓱ 底紐を、左上がりの紐（Ⓐ）を手前にして右上がりの紐（Ⓑ）と交差させ、クリップで留める。1周同様にする。

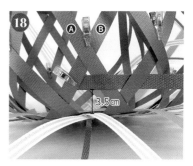

⓲ 編み紐の先端を、底から3.5㎝あけてⒷの裏にクリップで留め、底紐の間に交互に通す。＊

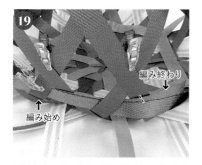

⓳ 1周する。編み紐の編み終わりの余分をカットし、編み始めの後ろに入れる。

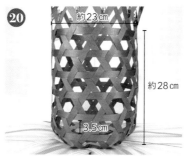

⓴ ⓱〜⓳を繰り返し、計6段編み、形を整える。

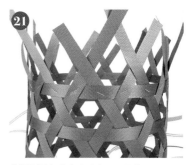

㉑ 底紐と最上段をホチキスで固定し、クリップを外す。

95

㉒ 底紐を最上段に高さを合わせてカットする。底のマスキングテープを剥がす。

㉓ 右上がりの底飾り紐①を立ち上げ、最上段にクリップで留める。

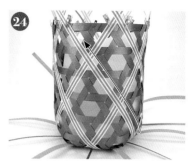

㉔ 左上がりの底飾り紐①を立ち上げ、最上段にクリップで留める。

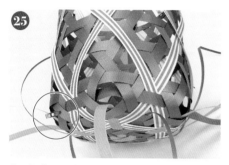

㉕ 飾り紐①を写真の〇の裏にクリップで留める。底飾り紐①の手前と底紐の裏に1周編み、つなぎ目が隠れる位置で始末する。＊

㉖ 　　　　　　　　　　　　　　　　　　内側・底

上から見たところ。飾り紐①は本体に沿わせるようにする。

㉗ 飾り紐①を2段上と4段上に同様に編む。

㉘ 飾り紐②を最上段の下の穴の上に1周巻き、クリップで留める。2段下と4段下も同様にする。

㉙ 底飾り紐②を右上がりに通す（計6本）。

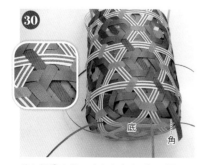

㉚ 差し紐①を角の穴から左上がりに通す。
＊

㉛ 　　　　　　　　　　　　　　　　　　内側

差し紐①の端を内側に通し、余分をカットして底紐の間に差し込む。

③

残りの角5か所を㉚・㉛と同様にする。＊

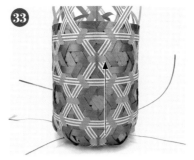

③

底飾り紐③を縦方向に通す。残りの紐も同様に通す。＊

④                    底

底に向きを変え、飾り紐③2本を縦方向に、中心を合わせて差し込む。＊

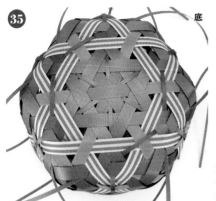

⑤                    底

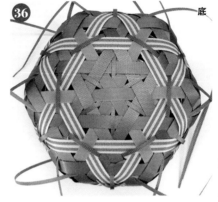

⑥                    底

飾り紐③2本を右上がりに差し込む。＊

飾り紐③2本を左上がりに差し込む。＊

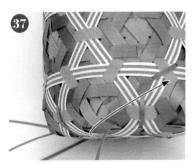

⑦

本体の向きを元に戻す。右上がりの飾り紐③を写真のように通す。

⑧

右上がりにすべて通したところ。

⑨

左上がりの飾り紐③を写真のように通す。

④⓪

左上がりにすべて通したところ。

④①

角

差し紐②を角から内側に差し込む。＊

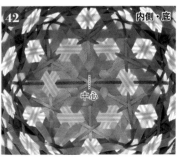

④②                  内側・底

中心

写真のように底の内側に通し、⑪の対称の位置から外側に出す。

97

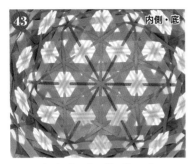

**43** 内側・底

残りの差し紐②2本を⑪・⑫と同様に通す。
＊

**44**

差し紐②を縦方向に通す。

**45**

残りの紐も同様に通す。紐をすべて最上
段より0.5cm低い位置でカットする。

**46**

縁紐を最上段の内側と外側に巻き、クリッ
プで留める。＊

**47** Ⓑ 中心

縁かがり紐を最上段と縁紐の間に通す。
＊

**48**

中心をクリップで留め、Ⓐを右方向に掛
けていく。

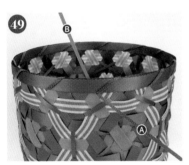

**49** Ⓑ

引き締めながら1周繰り返し、クリップを
外す。

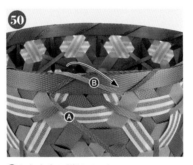

**50** Ⓑ

Ⓑを右方向に掛けていく。

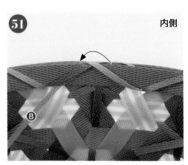

**51** 内側

引き締めながら1周繰り返し、編み終わ
りは接着剤を付けて縁の間に差し込む。

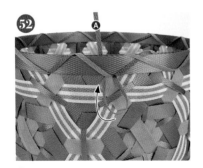

**52** Ⓐ

Ⓐを下から縁の間に差し込む。

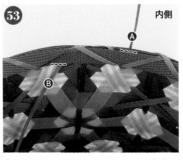

**53** 内側 Ⓐ

Ⓐに接着剤を付けて引き締める。ⒶⒷの
余分をカットする。

Finish!

完成！

履物やフラワーポットを入れるのにちょうどいい

# 八角編みのかご
# 手裏剣模様のかご

手裏剣模様のかご

八角編みのかご

---

### 八角編みのかご

| ◆上 | ◆レシピ | ◆P6 |
|---|---|---|
| Gタイプ〈7〉 | 紫 | 藍色 |
| グレー | クッキー | 白 |

---

### 手裏剣模様のかご

| ◆上・P4 | ◆レシピ | ◆P7 |
|---|---|---|
| 白 | 紫 | シルクリボンシリーズ〈15〉 |
| グレー | クッキー | シルクリボンシリーズ〈1〉 |

## 八角編みのかご

### 材料と寸法

| | | |
|---|---|---|
| 横紐 | 90cm×8本 | 紫 |
| 縦紐 | 90cm×8本 | 紫 |
| 飾り紐 | 85cm×8本 | クッキー |
| 編み紐 | 67cm×5本 | クッキー |

### 必要な長さ

| | |
|---|---|
| 紫 | 14m40cm |
| クッキー | 10m15cm |

### 完成サイズ

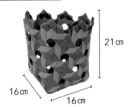

21cm
16cm　16cm

### 作り方　＊＝わかりやすいように紐の色を変えて説明しています。

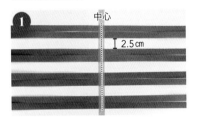

**①** 中心　2.5cm

横紐8本を2本ずつ2.5cm間隔で並べ、中心をマスキングテープで留める。

**②** 縦紐を右側へ交互に差し込む。＊

**③** 2本目の縦紐を交互に差し込み、井桁模様を作る。＊
※井桁＝4本の紐が互い違いに重なる状態。

**④** 2.5cm

左側にも縦紐2本を井桁に差し込み、間の穴を2.5cmの正方形に整える。＊

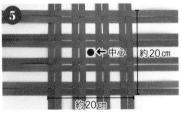

**⑤** 中心　約20cm　約20cm

縦紐を左右に2本ずつ井桁に差し込む。中心のマスキングテープを剥がし、すべての穴を2.5cmの正方形にして形を整える。

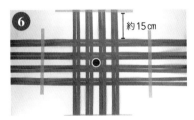

**⑥** 約15cm

井桁模様の上下左右約15cmの位置を、マスキングテープで留める。

**⑦** 飾り紐を左下から差し込み、縦紐の下と横紐の上に右上がりに通す。

**⑧** ❼の下に同様に通す。

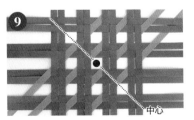

**⑨** 中心

❼の上に2本同様に通す。飾り紐の中心を揃える。

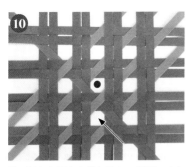

飾り紐を右下から差し込み、縦紐の上と横紐の下に左上がりに通す。＊

⑩の下に1本と上に2本を同様に通す。＊

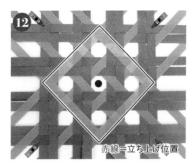

赤線＝立ち上げ位置

立ち上げ位置の内側にマスキングテープを貼り、四隅をクリップで留める。⑥のマスキングテープを剥がす。

立ち上げ位置に定規を当て、紐にしっかりと折り目を付けて立ち上げる。

角

外側に向きを変え、角の紐4本を井桁に組む。＊

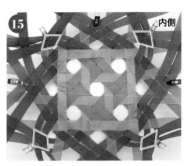

内側

上から見たところ。すべての角を井桁に組む（1段目）。

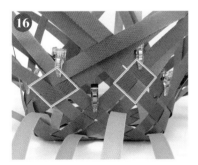

飾り紐を外側に倒す。写真の2か所を井桁に組む。すべての面を同様に組む（2段目）。

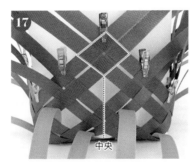

中央

1段目と位置を合わせ（辺の中央）、井桁に組む。

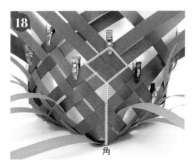

角

角も1段目と位置を合わせて井桁に組む。すべての面を⑰・⑱と同様に組む（3段目）。

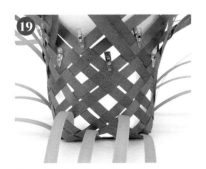

⑯と同様に組む（4段目）。

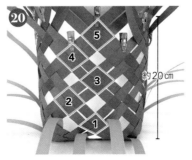

約20cm

⑰・⑱と同様に組む（5段目）。すべての穴が2.5cmの正方形になるように形を整える。

飾り紐を右上がりの紐の手前と左上がりの紐の裏へ交互に最上段まで通す。すべての面を同様にする。

編み紐を1段目の下の左上がりの紐の手前と右上がりの紐の裏へ交互に通す。＊

1周編む。編み終わりを編み始めの後ろに入れ、紐端が紐の内側に隠れるように余分をカットする。

編み紐で計5段同様に編む。

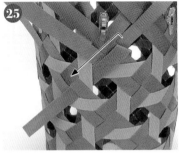

井桁模様の右側の飾り紐を左下に折り、左隣の飾り紐の裏から下段の井桁に差し込む。＊

左上がりの上側の紐を右下に折り、編み紐の裏から下段の井桁に差し込む。＊

右上がりの下側の紐を下に折り、下段に差し込む。差し込んだ3本の余分をカットする。＊

㉕〜㉗と同様に1周する。

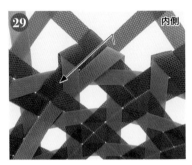

内側に向きを変える。飾り紐を左下に折り、左隣の飾り紐の裏から下段の井桁に差し込む。＊

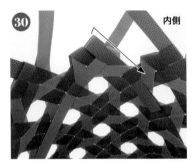

左上がりの紐を右下に折り、編み紐の裏から下段の井桁に差し込む。＊

右上がりの紐を下に折り、下段に差し込む。差し込んだ3本の余分をカットする。＊

㉙〜㉛と同様に1周する。

完成！

# 手裏剣模様のかご

## 材料と寸法

| | | |
|---|---|---|
| 横紐 | 90cm×8本 | 紫 |
| 縦紐 | 90cm×8本 | 紫 |
| 飾り紐 | 85cm×8本 | クッキー |
| 編み紐 | 67cm×5本 | クッキー |
| 補強紐 | 75cm×6本 | クッキー |
| 差し紐 | 35cm×4本 | クッキー |

## 必要な長さ

| | |
|---|---|
| 紫 | 14m40cm |
| クッキー | 16m05cm |

## 完成サイズ

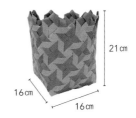

21cm
16cm
16cm

## 作り方 ＊＝わかりやすいように紐の色を変えて説明しています。

**❶** P100～P102を参照し、「八角編みのかご」を作る。

底

**❷** 補強紐を左下から差し込み、縦方向の紐と左上がりの紐の間へ右上がりに通す。中心を合わせる。＊

内側・底

**❸** 底の内側。

底
中心

**❹** ❷の上下に1本ずつ同様に通す。＊

底
中心

**❺** 補強紐を右下から差し込む。横方向の紐と右上がりの紐の間、❹の補強紐の上を、左上がりに通し、中心を合わせる。＊

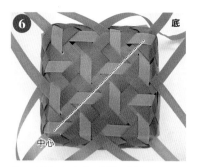

❺の上下に1本ずつ同様に通す。＊

かごの向きを元に戻す。右上がりの紐を縦方向の紐と左上がりの紐の間へ通す。

角の紐は右上がりに差し込む。

右上がりにすべて差し込んだところ。補強紐は4本残る。

余分をカットする。

残りの補強紐を、横方向の紐と右上がりの紐の間、右上がりの補強紐の上へ通す。

余分をカットする。

差し紐の端を底の角に差し込む。＊

横方向の紐と右上がりの紐の間へ通す。

❶・⓬と同様に左上がりに差し込み、余分をカットする。角はすべて同様にする。

底の余分の紐をカットする。＊

完成！

キュートなフォルムと色使いを楽しんで

# りんごの小物入れ
# パイナップルの
# 小物入れ

パイナップルの小物入れ

りんごの
小物入れ

デザイン/すずきゆか

---

## りんごの小物入れ

| ◆上・P7 | ◆レシピ |
|---|---|
| 赤 | 緑 |
| 〈M〉ウォールナット | 〈M〉ウォールナット |
| 深緑 | 深緑 |

---

## パイナップルの小物入れ

| ◆上・P7 | ◆レシピ |
|---|---|
| 黄色 | クッキー |
| 深緑 | 深緑 |

# りんごの小物入れ

## 材料と寸法

| | | |
|---|---|---|
| 底紐 | 45cm×6本 ———————————————— | 緑 |
| 差し紐 | 35cm×6本 ———————————————— | 緑 |
| 茎 | 3.5cm×1本（1/2幅）———— | 〈M〉ウォールナット |
| 葉 | 4.5cm×1本 ———————————————— | 深緑 |

※ポリプレピレン用の接着剤をご用意ください。

## 必要な長さ

| | |
|---|---|
| 緑 ————————————————————————————— | 4m80cm |
| 〈M〉ウォールナット ————————————— | 3.5cm |
| 深緑 ———————————————————————————— | 4.5cm |

## 完成サイズ

9cm

9cm

## 作り方　＊＝わかりやすいように紐の色を変えて説明しています。

### 底の組み方

**①**

底紐4本の中心で斜めに井桁に組む。
※井桁＝4本の紐が互い違いに重なる状態。＊

**②**

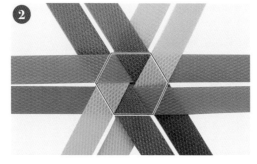

底紐2本を左上がりに差し込み、正六角形を作る。＊

**③**

重なる箇所を接着剤で固定する。

**④**

中心

2本のうちの右側の紐を手前にし、紐を交差させてクリップで留める。差し紐を差し込み、中心を合わせる。＊

**⑤**

右隣の2本を④と同様にする。ここから時計回りに繰り返していく。＊

**⑥**

3か所目。＊

**⑦**

4か所目。＊

**⑧**

5か所目。＊

⑨

6か所目。＊

⑩

紐を立ち上げ、井桁に組む。

⑪

同様に編み目が交互になるように繰り返す。

⑫

高さは3目の位置に揃え、隙間を詰めて
形を整える。右上がりの紐が外側になる。

⑬

3目の上側に高さを合わせ、マスキング
テープを1周貼る。

⑭

右上がりの紐をマスキングテープに高さ
を合わせて外側に折る。1周同様にする。
＊

⑮

マスキングテープを剥がし、折った紐を
下段に差し込む。

⑯

マスキングテープを剥がしながら1周同様
にする。

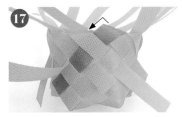

⑰

左上がりの紐を高さを合わせて外側に折
る。折った紐を下段に差し込む。＊

⑱

1周同様にする。

⑲

差し込んだ紐を引きながら形を整え、余
分をカットする。

⑳

茎　　葉

茎の先端を丸くカットし、葉は根元を1cm
残して葉の形にカットする。

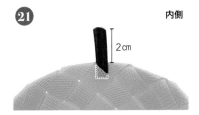

㉑　　　　　　　　　　内側

茎の根元に接着剤を付け、縁から2cm
上に出るようにして内側に差し込む。

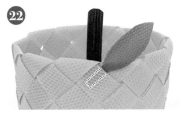

㉒

葉の根元に接着剤を付け、外側に差し
込む。

Finish!

完成！

# パイナップルの小物入れ

## 材料と寸法

| | | |
|---|---|---|
| 底紐 | 105cm×6本 | クッキー |
| 差し紐 | 95cm×6本 | クッキー |
| 葉 | 15cm×3本(1/2幅) | 深緑 |

※ホチキスとポリプロピレン用の接着剤をご用意ください。

## 必要な長さ

| | |
|---|---|
| クッキー | 12m |
| 深緑 | 30cm |

## 完成サイズ

5cm
11cm
9cm

## 作り方

＊＝わかりやすいように紐の色を変えて説明しています。

**❶**

P106「底の組み方」を参照し、底紐6本と差し紐6本で底を組む。

**❷**

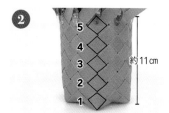

約11cm

P107❿～⓬を参照し、編み目が交互になるように編む。高さは5目の位置に揃え、隙間を詰めて形を整える。右上がりの紐が外側になる。

**❸**

5目の上側に高さを合わせ、マスキングテープを1周貼る。

**❹**

P107⓮～⓲を参照し、紐をしっかり折って下段に差し込む。差し込んだ紐を引きながら形を整える。

**❺**

左方向に出ている紐をすべてカットする。

**❻**

ひねって右下に差し込む。＊

⑦ 引き締める。

⑧ ひねって左下に差し込む。

⑨ 引き締める。

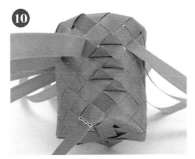

⑩ ⑥～⑨をもう1回繰り返し、⑥・⑦と同様にして下段に差し込む。差し込んだ紐の余分をカットする。

⑪ 右隣の紐を⑥～⑩と同様にする。

⑫ 1周同様にする。

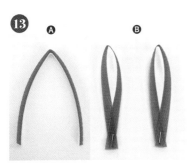

⑬ Ⓐ Ⓑ

葉1本を半分に折る（Ⓐ）。葉2本は半分に折り、ひねって輪にし、両端を重ねてホチキスで固定する（Ⓑ）。

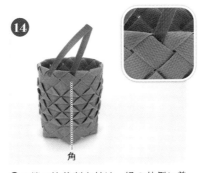

⑭ Ⓐの端に接着剤を付け、縁の外側に差し込む。

角

⑮ 内側

反対側の端に接着剤を付け、ひねって内側に差し込む。

⑯ Ⓑの端に接着剤を付け、⑭と同じ箇所に差し込む。

⑰ 内側

残りのⒷの端に接着剤を付け、⑮と同じ箇所に差し込む。

Finish!

完成！

# ＰＰバンド色見本

## 単色
**幅** 約1.4〜1.5cm

| 色名 | 長さ |
|---|---|
| 透明 * | 100m |
| 白 | 100m |
| クリーム | 100m |
| クリアイエロー * | 100m |
| 黄色 | 100m |
| オレンジ | 100m |
| クリアピンク * | 100m |
| ピンク | 100m |
| 赤 | 100m |
| クリアブルー * | 100m |
| 青 | 100m |
| 青紫 | 100m |
| 紫 | 100m |
| クリアグリーン * | 100m |
| 緑 | 100m |
| 深緑 | 100m |
| クッキー | 100m |
| ミルクココア | 100m |
| グレー | 100m |
| 黒 | 100m |
| Gタイプ〈1〉 | 100m |
| Gタイプ〈2〉 | 100m |
| Gタイプ〈3〉 | 100m |
| Gタイプ〈4〉 | 100m |
| Gタイプ〈5〉 | 100m |
| Gタイプ〈6〉 | 100m |
| Gタイプ〈7〉 | 100m |
| 藍色 | 100m |
| わさび | 100m |
| メタリックピンク | 50m |
| メタリックブルー | 50m |
| メタリックグリーン | 50m |

## ストライプ
**幅** 約1.4〜1.5cm

| 色名 | 長さ |
|---|---|
| STゴールド | 50m |
| STシルバー | 50m |
| ST赤 | 50m |
| ST緑 | 50m |
| ST黒 | 50m |

## シルクリボンシリーズ **幅** 約1.5cm

| 色名 | 長さ |
|---|---|
| シルクリボンシリーズ〈1〉 | 30m |
| シルクリボンシリーズ〈2〉 | 30m |
| シルクリボンシリーズ〈3〉 | 30m |
| シルクリボンシリーズ〈4〉 * | 30m |
| シルクリボンシリーズ〈5〉 | 30m |
| シルクリボンシリーズ〈6〉 | 30m |
| シルクリボンシリーズ〈7〉 | 30m |
| シルクリボンシリーズ〈8〉 | 30m |
| シルクリボンシリーズ〈9〉 | 30m |
| シルクリボンシリーズ〈10〉 | 30m |
| シルクリボンシリーズ〈11〉 | 30m |
| シルクリボンシリーズ〈12〉 | 30m |
| シルクリボンシリーズ〈13〉 | 30m |
| シルクリボンシリーズ〈14〉 | 30m |
| シルクリボンシリーズ〈15〉 | 30m |
| シルクリボンシリーズ〈16〉 | 30m |
| シルクリボンシリーズ〈17〉 | 30m |
| シルクリボンシリーズ〈18〉 | 30m ※ゴールド |
| シルクリボンシリーズ〈19〉 | 30m |
| シルクリボンシリーズ〈20〉 | 30m ※シルバー |
| シルクリボンシリーズ〈21〉 | 30m |
| シルクリボンシリーズ〈22〉 | 30m |
| シルクリボンシリーズ〈23〉 | 30m |
| シルクリボンシリーズ〈24〉 | 30m |

○ *マークの色は半透明のPPバンドです（透け感があります）。 　○Gタイプ〈1〉〜〈5〉は、表面が細かいドットのような模様になっています。
○メタリック（3種）と、シルクリボンシリーズ〈18〉・〈20〉は、金属風の光沢感があります。

シルクリボン
シリーズ〈25〉
30m

 シルクリボン
シリーズ〈27〉
30m

 シルクリボン
シリーズ〈29〉＊
30m

 シルクリボン
シリーズ〈31〉
30m

 シルクリボン
シリーズ〈26〉
30m

 シルクリボン
シリーズ〈28〉
30m

 シルクリボン
シリーズ〈30〉
30m

 シルクリボン
シリーズ〈32〉
30m

○＊マークの色は半透明のPPバンドです（透け感があります）。　　○シルクリボンシリーズ〈32〉は、光の加減で見え方が変わります。

 **大理石PP**
幅 約1.5cm

 **ウッドスタイル**
幅〈M〉約1.4cm〈W〉約3cm

○素材の性質上、多少の歪みがある場合がございます。
○製品の特性上、木目の風合いを出すため表面に多少の凹凸があります。

 大理石〈A〉
30m

 ウッドスタイル〈M〉
白木
30m

 ウッドスタイル〈M〉
ウォールナット
30m

 ウッドスタイル〈M〉
ウッドグレー
30m

 大理石〈B〉
30m

 ウッドスタイル〈W〉
白木
30m

 ウッドスタイル〈W〉
ウォールナット
30m

 ウッドスタイル〈W〉
ウッドグレー
30m

○大理石PPはABS素材です。プラ
　スチック素材の紐の総称としてPP
　バンドと表記しています。

※印刷の都合上、実物の商品とは多少色味が異なります。また、ロットにより色合いが若干変わる可能性がございます。
※掲載商品の取り扱い及び仕様は予告なく変更となる場合がございます。
※材質がポリプロピレンのため、木工用ボンドでの接着ができません。接着する場合はポリプロピレン用の接着剤や両面テープをお使いください。
※掲載していない商品もございます。詳細はM's Factoryホームページでご確認ください。

## 材料についてのお問い合わせ

 **M's Factory®**
KRAFT BAND ECO

**株式会社エムズファクトリー**
〒297-0024 千葉県茂原市八千代3-11-16　M'sビル

 インターネット

## https://www.shop-msfactory.com
インターネットショップにて、24時間ご注文いただけます。

 FAX

## 0475-44-6332
FAX注文用紙をお送りしますのでお問い合わせください。用紙に必要事項（商品名・ご注文数量・お名前・ご住所・電話番号・お支払い方法・ご希望配達日時。また、お届け先がご住所と異なる場合は、お届け先のご住所と電話番号）をご記入のうえ、送信してください。

 TEL

## 0475-26-3315
**受付時間**　9：00～18：00　月～金曜日（土・日・祝日休業）
こちらの電話は、ご注文専用窓口です。
作品の作り方についての質問にはお答えできかねますので、ご了承ください

## 作り方についてのお問い合わせ

本書に関する作り方のお問い合わせは、クラフトバンドやPPバンドの編み方を指導している一般社団法人クラフトバンドエコロジー協会までメールでお願いいたします。

info@kbea.jp

 **KBA**
Kraftband
Ecology
Association®

**一般社団法人
クラフトバンドエコロジー協会**

〒297-0024 千葉県茂原市八千代3-11-16　M'sビル3F
TEL.0475-44-6333　FAX.0475-26-3421
**受付時間**　10：00～17：00　月～金曜日（土・日・祝日休業）
https://www.kbea.jp

Staff

| | |
|---|---|
| デザイン | 関根千晴(スタジオダンク) |
| 編集 | 常盤マキ子・林美由紀(M's Factory)、スタジオダンク |
| 撮影 | 北原千恵美(プロセスを除く) |
| スタイリング | 原田美恵子 |

撮影協力　　　UTUWA、AWABEES

# PPバンドでつくるかご&バッグ

2023年6月13日　第1刷発行
2023年8月31日　第2刷発行

| | |
|---|---|
| 著　者 | 松田裕美 |
| 発行人 | 土屋　徹 |
| 編集人 | 滝口勝弘 |
| 企画編集 | 亀尾　滋 |

| | |
|---|---|
| 発行所 | 株式会社Gakken<br>〒141-8416　東京都品川区西五反田2-11-8 |
| 印刷所・製本所 | 新灯印刷株式会社 |

この本に関する各種お問い合わせ先
● 本の内容については、下記サイトのお問い合わせフォームよりお願いします。
　https://www.corp-gakken.co.jp/contact/
● 作り方については　☎0475-44-6333(クラフトバンドエコロジー協会直通)
● 在庫については　☎03-6431-1250(販売部)
● 不良品(落丁・乱丁)については　☎0570-000577学研業務センター
　〒354-0045 埼玉県入間郡三芳町上富279-1
● 上記以外のお問い合わせは　☎0570-056-710(学研グループ総合案内)

学研グループの書籍・雑誌についての新刊情報・詳細情報は、下記をご覧ください。
学研出版サイト　https://hon.gakken.jp/